─────────────── 님의 소중한 미래를 위해
이 책을 드립니다.

인구 충격, 부동산 대변혁

인구 변화에서 부동산시장의 해법을 찾다

인구 충격, 부동산 대변혁

김효선 지음

메이트북스

메이트북스 우리는 책이 독자를 위한 것임을 잊지 않는다.
우리는 독자의 꿈을 사랑하고,
그 꿈이 실현될 수 있는 도구를 세상에 내놓는다.

인구 충격, 부동산 대변혁

초판 1쇄 발행 2025년 4월 25일 | **지은이** 김효선
펴낸곳 (주)원앤원콘텐츠그룹 | **펴낸이** 강현규·정영훈
등록번호 제301-2006-001호 | **등록일자** 2013년 5월 24일
주소 04607 서울시 중구 다산로 139 랜더스빌딩 5층 | **전화** (02)2234-7117
팩스 (02)2234-1086 | **홈페이지** matebooks.co.kr | **이메일** khg0109@hanmail.net
값 19,000원 | **ISBN** 979-11-6002-940-6 03320

가장 중요한 것은
미래에 어떤 일이 일어날 것인가가 아니라,
미래에 어떤 일이 일어날 수 있는지를
미리 아는 것이다.

· 피터 드러커(현대 경영학의 아버지) ·

주택은 집인가,
부동산인가?

앨런(John S. Allen)(2015)의 말을 빌리면, 집(home)은, 보통은 물리적 실체를 떠올리겠지만, 그 본질은 우리가 친밀한 사람과 관계를 맺고 휴식하고 회복하는 '느낌(feeling)'이라고 말하고 있다. 우리는 집밖에서 좋은 일이 있기도 하지만, 안 좋은 일 또는 고단한 일을 겪기도 한다. 이런 바깥세상의 경험들, 특히 힘들었던 일은, 모두 집에 있을 때 제자리로 돌아온다.

그는 집이 우리를 인간으로 만드는 또 다른 중요한 기능으로 '살이(nesting)'를 꼽는다. 원시시대부터 먹을 것을 구해와서 같이 밥을 지어 나누어 먹으며 서로가 서로를 돌보고 양육하던 원초적인 사회적 공간이 집이라고 말하고 있다. 그는 느낌과 보살핌이란 관점에서, 거주할 주택은 있지만 집은 없는 홈리스(homeless)도 있다고 말한다.

　주택보급률이 100%를 넘어선 우리나라에서 '우리는 지금 집(home)을 가졌는가? 우리의 집(home)은 과거보다 더 나아졌는가?'라는 반문을 해보게 된다. 주택은 우리에게 집(home)이 되어줄 수 있어야만 한다는 측면에서 봤을 때, 우리의 주택은 안녕하다고 할 수 있을까?

　주택은 집이면서 동시에 부동산이라는 양면성을 갖고 있다. 집은 우리 삶의 가장 기초적인 요소이기 때문에, 우리는 태어나서 죽는 순간까지 일생 동안 집을 구하지 못하는 어려움이 없기를 바란다. 주거의 안정을 위해 집을 안정적으로 임대 또는 소유하고자 하는 것은 원초적 바람인데, 집을 갖기 어렵다고 느껴지면 사람들은 쉽게 불안에 빠진다. 사람들은 주거 불안을 느끼면, 쉽게 부동산 버블이나 쏠림을 일으키곤 한다. 주택을 임대할 수도 있겠지만 주거 안정에 대한 바람은 종종 주택 소유를 선호하게 만든다. (다만, 주택을 소유했더라도 주택 보유 부담이 과하면 주거 안정성은 위태로워질 수 있다.)

　주택을 소유하는 방식은 자기 땅에 자기 집을 짓거나 또는 누군가 만든 주택을 구매하는 것인데 대부분의 주택 소유는 구매를 통해, 즉 부동산시장을 통해 이루어진다. 주택 구매에 대한 많은 수요는 높은 매매가격으로 연결될 수 있으며, 이는 주택을 구매하고자 하는 사람들에게 소유가 어려운 일로 여겨지게 만든다. 부동산 측면에서, 주택을 구하는 일을 쉽게 만들고 주거의 안정성을 높게 만들어야 사람들의 주거 심리를 안정시킬 수 있다. 이는 부동산 시장의 경직성과 획일성을 낮추고 유연성과 다양성을 높여야 가능하다. 그렇게 함으로써 우리는 주거의 불안에서 벗어나 안정에 이를 수 있다.

주택은 집이면서 부동산이다. 우리 사회에 다양한 개성을 가진 수천만 명의 사람들이 사는 만큼 다양하고 개성 있는 집(home)이 필요하다. 동시에 부동산이 단순히 물건을 사고파는 것이 아니라 집이라는 '느낌'을 만들어내야 하고, 부동산 시장은 주거 '안정'을 이끌어내는 역할을 할 수 있도록 발전해야 한다. 주택은 그러한 집이어야 하고 또한 그러한 부동산이어야 한다. 이 책은 우리 사회가 주택을 둘러싼 이야기를 풀어가는 데 있어 유익한 이야기를 담고 있어 독자들에게 도움을 줄 것이다.

강명구(서울시립대학교 교수)

이제 우리는 어디에서,
어떻게 살아야 할까?

어릴 적, 내 기억 속 동네에는 작은 개천이 흐르고, 그 주변으로 고만
고만한 단독주택들이 줄지어 있었다. 집집마다 다양한 나무와 꽃들
이 심겨 있었고, 우리 집 대문에는 빨간 장미 넝쿨이 우거져 있었다.
대문을 열고 들어서면 작은 마당이 있었고, 그곳에서 똘똘이(우리 집
강아지)가 나를 반갑게 맞이하곤 했다. 그 시절, '집'은 나에게 삶의
터전이자 안식처였다.

하지만 언제부턴가 '집'이라는 단어를 들으면 가격이나 가치를 먼
저 떠올리게 된 것 같다. 한 지붕 아래 모여 함께 밥을 먹고 잠을 자
던 집, 대문을 열고 나가면 또래 친구들과 해가 질 때까지 뛰어놀던
동네는 산업화의 물결 속에서 시멘트 벽으로 둘러싸인 아파트 단지

로 변해버렸다. 자본주의의 발전과 함께 '집'은 자산 증식의 수단이 되었고, 가장 유망하고 안전한 투자처로 인식되었다.

이러한 변화는 옳고 그름의 문제가 아니라 시대의 흐름에 따른 자연스러운 현상이다. 산업화가 한창이던 시절, 주택은 국가와 기업, 개인의 생산을 위한 기반이자 성장의 발판이었다. 모두가 잘 살아보기 위해, 노동자를 도시로 모으기 위해 대규모 아파트 단지가 건설되었고, 그것은 곧 '근대화의 상징'이 되었다.

그러나 시간이 흐르면서, 겉보기에는 평등해 보이던 아파트의 외관은 계층의 경계를 드러냈다. 부동산은 가장 빠른 자산 증식 수단이 되었고, 이를 소유한 자와 그렇지 못한 자, 그리고 소유한 부동산의 위치에 따라 자산의 양극화는 더욱 심화되었다.

이제 우리는 더 이상 기계처럼 일하던 산업사회가 아닌, 인공지능(AI), 빅데이터, 사물인터넷(IoT)으로 대표되는 4차 산업혁명 시대에 살고 있다. 대한민국은 세계에서 가장 빠른 인구구조 변화를 겪고 있으며, 저출생과 고령화, 수도권 과밀과 지방 소멸, 늘어나는 1~2인 가구 등 과거와는 완전히 다른 주거 환경에 대한 해법이 필요해졌다.

도시의 구조가 우리의 삶을 결정한 것이 아니라, 우리의 라이프스타일이 도시 구조를 변화시켜왔다. 그러나 최근에는 라이프스타일의 변화 속도가 너무 빨라 도시 및 주택과 관련된 정책이 이를 따라

가지 못하고 있는 것 같다. 그 결과, 주택은 넘쳐나는데도 주거 문제로 인한 불안감은 커져가고 있다.

이에 따라 주택을 바라보는 시선도 세대에 따라 달라졌다. 부모 세대가 경제적 안정과 내 집 마련을 인생의 최대 목표로 삼았다면, 지금의 청년 세대는 공유와 이동, 유연성과 경험을 중시하며, 주택을 소유의 대상이 아닌 삶의 방식 그 자체로 바라보는 경향이 있다.

이 책은 사회 전반의 급격한 변화 속에서 우리가 놓치고 있는 질문들을 던지고자 했다.

과거와 같은 공급과 수요 정책이 앞으로도 계속 유효할까? 수도권과 지방의 격차를 해결하는 방식이 이대로 괜찮을 것일까? 우리는 어디서, 어떻게 살아야 할까?

물론 이 책이 그 모든 질문에 대한 해답을 단번에 제시하지는 않는다. 그러나 현재 진행중인 빠른 인구 감소가 이제는 한물간 이슈가 아니라 여전히 함께 고민하고 해결해야 할 국가적인 과업이라는 것, 이로 인한 주택 수요층의 변화와 라이프스타일의 변화에 따른 새로운 방식의 주거 정책이 필요하다는 사실에 공감하는 것만으로도 큰 의미가 있다고 생각한다.

고(故) 이어령 선생님의 말씀이 떠오른다. "미래 학자들 말이 틀리는 이유가 뭔지 알아? 그들은 언제나 '이런 세상이 온다'고 말해. 하지만 미래는 오는 게 아니라 만드는 거야."

　이 책이 '이런 세상이 온다'는 예언으로 남는 것이 아니라, 우리가 과거의 방식에 머물 것인지 새로운 길을 모색할 것인지에 대해 궁리하면서 '더 나은 미래'를 고민하는 모든 사람에게 작은 길잡이가 되기를 소망한다.

김효선

차례

추천사 _ 주택은 집인가, 부동산인가?   6

지은이의 말 _ 이제 우리는 어디에서, 어떻게 살아야 할까?   10

PART 1 대한민국에 서울이라는 대도시가 만들어지다

대한민국 부동산이 불패일 수밖에 없는 이유   19

대한민국은 아파트 공화국   25

주공아파트가 그 동네에서 입지가 제일 좋은 이유   32

세계에서 알아주는 경쟁력 있는 도시의 요건   40

PART 2 도시 구조 및 인구 구조의 대전환 시대

지금 대한민국 대도시는 어떤 상황인가?   51

주택을 바라보는 시선의 변화   63

주택 가격을 결정하는 몇 가지 핵심 요인들   71

주택 가격의 방향키인 금리와 심리   82

하우스푸어와 영끌이의 결정적인 차이점   93

PART 3 수도권과 비수도권의 심각한 양극화

양극화를 빼고는 논할 수 없는 시대   111

지역 양극화는 왜, 얼마나 진행되었나?   123

대한민국의 인구 감소, 너무 빨라 절대위기다   134

대한민국의 저출생을 해결할 수 있는 방법   145

숫자가 먼저 경고하고 있는 지방 소멸 위기   162

PART 4 인구 감소가 지방 부동산에 미치는 영향

인구 감소 원인이 저출생이라면 그 결과는 고령화   175

고령자 양극화가 부동산시장에 미치는 영향   186

대한민국의 부동산은 이제 끝났다   194

지방 부동산은 현재 제로섬 게임중   212

PART 5 인구 이동이 서울 부동산에 미치는 영향

학군지·일자리 유목민 vs. 여가생활·힐링 유목민   229

전남에서 태어난 아이들은 슈퍼스타도시 서울로   236

집은 많아도 주택은 부족? 질적 수요도 주목하자   244

'어떻게' 주택을 공급할지가 핵심이다   254

대한민국 부동산시장의 새로운 흐름   264

PART 1

대한민국에
서울이라는 대도시가
만들어지다

대한민국은 해방과 전쟁, 냉전이라는 어려운 환경에서도 세계적으로 유례없는 초고속 경제성장을 이뤘다. 1960년대 이후 산업화가 가속화되면서 대규모 이촌향도가 발생했고, 정부는 급증하는 인구와 주택 부족 문제를 해결하기 위해 아파트 공급에 집중했다. 단기간 대규모 공급이 가능한 아파트는 정부와 기업, 개인 모두에게 이익을 주는 모델이었으나 이면에는 부동산 가격 급등, 주거 불안, 지역 격차라는 부작용도 따랐다. 인구밀도가 가장 높은 서울은 국민들이 가장 살고 싶어 하는 도시지만, 대규모 아파트 단지, 교통 체증, 기후의 질 등으로 인해 글로벌 경쟁력은 약화되고 있다. 급변하는 인구 구조와 라이프스타일의 변화 속에서 지금까지의 주거 방식이 지속 가능할지 재검토해야 할 시점이다.

대한민국 부동산이
불패일 수밖에 없는 이유

급격한 산업화로 인해 부동산시장도 폭발적으로 성장했다.
그러나 이러한 폭발적인 한국 경제 성장의 이면에는
주거 불안과 지역 격차라는 그림자도 엄연히 존재한다.

대한민국은 일제강점기, 한국전쟁, 그리고 냉전시대 속에서 새로운
역사를 써왔으며 그 결과 불과 수십 년 만에 경제와 문화 등 여러 분
야에서 눈부신 성장을 이루었다. 그러나 1960년대부터 시작된 빠른
산업화는 이촌향도와 부동산시장 과열이라는 부작용도 불러왔다.

정부는 대규모 주택 공급 정책을 통해 주거 문제를 해결하고자 했
으나, 1980년대 후반 저금리·저달러·저유가의 3저 현상과 국제스포
츠 이벤트 등으로 인해 서울의 부동산시장은 더욱 활성화되었다.

이렇게 산업화와 경제 성장으로 구축된 대한민국의 부동산 신화
는 주거 불안과 지역별 격차라는 부작용도 낳았다.

망쇠를 극복하고 흥성하게 된
대한민국의 저력

대한민국은 특별한 국가다. 35년간의 일제강점기를 견디고 2차 대전의 종전과 함께 겨우 해방을 맞이했지만 곧 한국전쟁과 냉전시대라는 급격한 사회 변화를 단기간에 겪게 되었다. 1950년에 시작된 한국전쟁은 1953년 7월에 종전이 아닌 휴전이란 불안한 상태로 반쪽짜리 국가가 되어버렸는데 그간의 발전은 전 세계적으로 유일무이할 정도로 눈부시다.

1960년 대한민국의 1인당 GDP는 불과 158달러로 가나나 콩고민주공화국보다도 낮았는데, 2022년에는 3만 2,142달러로 동 기간 동안 전 세계에서 가장 높은 20,343%라는 놀라운 상승률을 보였다. 또한 국가경쟁력 28위(2023년, 스위스 국제경영개발대학원(IMD)), 전 세계에 미치는 문화 영향력 부문 6위(2021년, Good Country Index 기준)를 했고 경제, 문화, 과학 등 다양한 분야에서도 놀라운 기록을 갱신하고 있다.

해방과 휴전 후 냉전의 접경 속에서 높은 군사비 부담과 긴장감으로 그야말로 험난한 환경임에도 불구하고 불과 백 년도 안 되는 기간 동안 망쇠를 극복하고 흥성하게 된 대한민국의 저력은 어디에서 나온 걸까? 이는 부동산시장과도 무관해 보이지 않는다.

빠른 산업화로 인한
이촌향도와 지가 상승

대한민국의 산업화는 1960년대와 1980년대에 걸쳐 약 30년 동안 이루어졌는데, 정치적으로는 군사혁명이, 경제적으로는 기업가들이, 과학적으로는 혁신가들이 나타났으며 이 모든 과정에서 빠른 도시화가 진행되었다. 대한민국 국민 모두에게는 '지긋지긋한 가난에서 벗어나고 싶다'는 공동의 목표가 있었기 때문에 국가 주도의 빠른 발전과 도시 건설이 가능했을 것이다.

'새마을 운동'으로 대표되는 박정희 정부에서의 철저한 계획 경제는 소득 증대, 경제 발전을 최고의 가치로 여겼다. 경제개발 5개년 계획(1967~1971년) 동안 연평균 경제 성장률은 8.5%라는 놀라운 결과로 이어졌다.

경부고속도로 건설과 서울 강남지역 개발계획 등 국토개발 계획이 본격화되면서 논밭이었던 영등포의 동쪽 영동 개발은 강남 땅을 금싸라기 땅으로 만들었다. 며칠 밤새 뚝딱 지어지는 주택들은 일자리를 찾기 위해 밀려드는 사람들의 속도를 따라가지 못하고 지어지는 대로 팔리며 지가 상승을 일으켰다. 이 과정에서 국민들에게는 자연스럽게 대도시로의 진입이 곧 성공이라는 인식이 생겼고, 아메리칸 드림이 아닌 서울 드림을 꿈꾸는 이촌향도 현상이 확산되었다.

부동산 경기 활성화와
대규모 주택 공급 정책

군사혁명으로 시작된 전두환 정부는 경제성장률이 낮아지자 부동산 경기 활성화에 더욱 집중했다. 베이비붐 세대(1955~1963년 출생자들)의 서울 이동으로 주택난이 심각해지자 '주택 500만 호 건설'을 정책의 목표로 삼고 재임 기간 동안에 176만 호의 주택을 공급한 것이다.

이렇게 빨리 대규모의 주택을 공급할 수 있었던 것은 도시계획법 등 19개의 법률적인 효력을 한꺼번에 처리할 수 있도록 택지개발촉진법을 제정한 것이 큰 몫을 했다. 이 법을 근거로 정부가 필요한 토지를 저렴하게 일괄적으로 수용해 택지화할 수 있었고, 노원구 상계동, 중계동 및 양천구 목동 지구 등에 대규모 아파트를 공급하게 되었다.

이후 노태우 정부에서는 과열된 주택 가격 상승을 잠재우기 위해 '200만 호 주택 공급(수도권 90만 호, 지방 110만 호)'을 목표로 정했고, 실제 1991년 말에 214만 호를 착공하게 된다. 분당, 일산, 평촌 등 1기 신도시도 이 법을 근거로 탄생할 수 있었다. 수요가 넘쳐나는 곳에 큰 장애물 없이 신속하게 주택을 공급했기 때문에 지가는 계속 상승했다. 국가의 정책과 공급자인 건설사, 수요자인 국민들의 공통된 목표는 기막힌 타이밍을 만들어갔던 것이다.

1985년부터 시작된 '저금리, 저달러, 저유가'의 3저 현상으로 인한 풍부한 유동성과 86아시안게임, 88올림픽 특수 등으로 인한 서울의 발전은 서울 주택 가격 상승을 더욱 가속화했다.

산업화와 경제성장으로 만들어진
대한민국 부동산 불패 신화

이처럼 1960년대부터 시작된 빠른 산업화는 대도시를 만들었고, 대규모의 인구가 일자리와 교육 등을 위해 서울로 이동하게 된다.

유럽에서는 19세기부터 진행되었던 산업화를 불과 30여 년이라는 짧은 기간에 성공시킨 대한민국은 국토를 용도에 따라 나누어 개발하면서 상업지나 택지가 된 토지 소유자는 큰 차익을 남길 수 있어서 대한민국 부동산을 더욱 특별하게 만들었다. 국가 주도하에 개발된 지역, 인구와 소득이 크게 늘어난 대도시의 부동산은 한국인의 삶이자 욕망이 되면서 '부동산 불패' '강남 불패'라는 용어를 만들었던 것이다.

본래 도시의 역할은 무엇일까? 도시 개발을 통해 시민에게 막대한 자본 이득을 안겨주는 것은 아닐 것이다. 도시는 시민에게 안정적인 거주와 일자리, 교육, 문화 등의 생활 인프라를 공급해야 하며, 국가 차원에서는 인구 생산력을 높일 수 있어야 한다.

출처: "유혹의 계절… 2월에 접어들어… 무작정 상경", 경향신문, 1965. 2. 6., p.7

도시는 수요와 공급의 균형을 맞추고 적절한 인프라를 형성함으로써 국가의 경제를 주도할 수 있는 도시의 순기능 역할을 해야 하는데, 대한민국의 빠른 도시화는 시간이 지나면서 오히려 주거 불안과 지역별 격차라는 부작용을 낳고 있다. 이는 세계를 놀라게 한 대한민국의 눈부신 경제 발전의 씁쓸한 단면이다.

대한민국은
아파트 공화국

인구 급증 시기에 국가와 기업이 동시에 성장 가능하게 하고
개인의 욕망을 충족시켜줄 수 있는 최고의 수단인 아파트!
하지만 인구 감소 시대에도 유효할지 재검토가 필요하다.

대한민국은 '아파트 공화국'이라 불릴 정도로 아파트에 집중된 주거 방식을 가지고 있다. 특히 2000년부터 아파트 비중이 급격히 늘어났고 2023년에는 전체 주택 중 64.6%가 아파트일 정도로 전국 대부분 지역에서 아파트가 주된 주거 형태가 되었다.

빠르게 증가하는 인구와 주택 부족 문제를 해결하기 위해서는 아파트만한 대안이 없었다. 정부는 부담을 최소화하고 건설로 경제를 성장시키면서 주택 공급을 해결할 수 있었고, 기업은 최대한의 이익을 빠르게 실현할 수 있었으며, 이로 인해 개인도 내 집 마련과 자산 증식이라는 두 마리 토끼를 잡을 수 있었다.

그러나 사회구조 변화와 인구 감소 상황에서도 아파트 중심의 주거 형태가 지속 가능할지에 대해서는 재검토가 필요하다.

대한민국의 아파트, 도대체 얼마나 많기에?

흔히 대한민국을 아파트 공화국이라고 한다. 대한민국 국민들의 거주 방식이 아파트에 과도하게 집중되어 있음을 비유하는 말이다. 공급된 주택의 유형들 중에서 아파트의 비중이 높은 것도 있지만 국민들이 거주하고 싶어 하는 선호도 측면에서도 아파트는 절대적 우

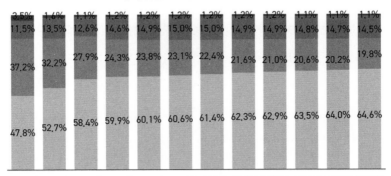

● 주택 유형별 구성비(2000~2022년) ●

출처 : 통계청, 인구주택총조사

위를 차지한다.

파리의 센강, 런던의 템스강, 헝가리의 다뉴브강 등 해외의 유명한 강변들은 고풍스럽고 다양한 유형의 건축물들이 다채로운 리버뷰를 만들어내는데 서울 한강에서 바라보는 강변은 재건축을 마친 신축 아파트나 재건축을 갈망하는 노후 아파트가 대부분이다.

앞의 그래프를 통해 통계청에서 조사하는 인구주택총조사를 보면, 공급된 주택 유형들의 비중을 알 수 있다. 2000년도에는 아파트 비중이 47.8%로 가장 많았지만, 그 다음이 단독주택 37.2%, 연립/다세대 11.5% 순으로 단독주택과 연립/다세대를 합친 것과 아파트의 비중이 유사하게 나타났다. 그러나 이후 아파트 공급 비중은 더 빠르게 늘면서 2023년도에는 전체의 64.6%가 아파트였으며, 단독

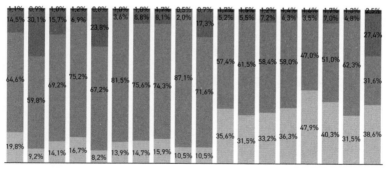

● 시도 및 주택 유형별 구성비(2022년) ●

출처 : 통계청, 인구주택총조사

주택 및 연립/다세대를 합한 비중은 34.3%에 불과했다. 향후 3기 신도시 등 정부의 주택 공급 계획도 대부분이 아파트이기 때문에 아파트 공화국의 위세는 더욱 강해질 것이다.

전국 대부분 지역의 상황은 비슷하다. 전남과 제주를 제외한 전국의 모든 지역은 아파트 비중이 가장 높고, 특히 가장 늦게 도시화가 된 세종시의 아파트 비중은 무려 87%나 된다. 광주, 대전, 대구 등 광역시 대부분은 아파트 비중이 70%를 웃돌고 있다.

서울은 오히려 과거 한양 도성일 때부터 주거지로 형성되었던 한강 이북에 건축에 대한 제약이 많고, 인구가 급증할 때 빌라나 단독주택들이 빠르게 늘어나면서 주택 밀집 지역이 형성되었기 때문에 다른 지역보다는 아파트 비중이 낮은 편이다. 그러나 향후 도심 위주의 재정비 사업이 본격적으로 진행된다면 아파트 비중은 더욱 높아질 것이다.

인구 급증으로 인한 주택 부족 현상을 손쉽게 해결하는 수단은 아파트

대한민국은 어쩌다가 전 국민 대다수가 아파트에 거주하게 되었을까? 예나 지금이나 청약에 당첨되기 위해서 가족계획을 세우고 현재의 행복을 뒤로 미룬 채 고생을 한다. ○○동 ○○건설회사의 브랜드가 붙은 아파트 단지에 거주하는 것을 꿈꾸며 청약에 당첨되면 세상을 다 가진 듯 기뻐하기도 한다. 이런 소시민들의 꿈이 이루어지기 위해서 아파트 공급이 많아진 것일까?

사실 아파트 공화국이란 말은 프랑스 지리학자 발레리 줄레조 교수가 우리나라 주택 정책을 연구하면서 집필한 박사 논문을 한 출판사에서 번역하는 과정에서 지어진 제목이라고 한다. 외국인의 눈으로 봤을 때도 아파트 중심의 주거 문화가 꽤나 신기했던 모양이다.

이 논문에서 줄레조는 "한국에서 아파트는 권위주의적 정부 정책과 재벌의 이해관계가 맞아 떨어져 대표적인 주거 형태가 되었다. 한국 정부가 주택 수요를 실질적으로 책임지지 않고 재벌급 건설업체에 맡겨 대량 생산하는 방식으로 주택 정책을 펴나갔다"며 날카롭게 한국 주거 정책을 평가한다. 공급이 있었기에 자연스럽게 수요가 형성되었다는 것이다.

국민들의 주거 안정을 책임져야 하는 정부 입장에서 갑자기 늘어나는 인구를 빠르게 수용할 만한 주택 유형은 아파트가 유일했을 것이다. 아파트를 지을 수 있는 정책적인 기반과 택지만 마련되면 공사는 기업이 책임지고 단기간에 집을 대량 생산할 수 있기 때문이다. 1980년대 건설사는 신규 아파트를 신상품이라고 불렀다.

국가는 택지와 토목 인프라를 책임지고, 건설사는 아직 미완성인 아파트를 모델 하우스라는 이름으로 가장 아름답게 포장하고 홍보해 구매를 결정하게 만들었다. 또한 주택 구입에 대한 부담을 줄여

주기 위해서 대출 제도를 활용해 서민들이 계약금만 있으면 내 집 마련을 할 수 있도록 지원했다.

국가의 부담을 덜어주고 국가와 기업의 경제를 동시에 성장시킬 수 있는 최고의 수단이 아파트 건설이었고 이로 인해 수혜를 입는 개인도 이 정책에 동의할 수밖에 없었던 것이다.

주거 정책과 관련된 최상위법이면서 기본적인 법적 지위를 갖고 있는 '주거기본법'이 있다. 저출생과 고령화, 1~2인 가구 증가 등 사회의 구조적인 변화가 커지고 주택보급률이 100%를 초과하면서 주택정책의 목적도 '주택 공급'에서 '주거복지'로 빠르게 전환되고 있다. 이에 따라 국민의 주거안정과 주거수준 향상에 이바지하는 것을 목적으로 2015년도에 새롭게 만들어진 법이다. 동법 제3조에 주거 정책의 기본원칙을 정리한 문구가 있다. "소득 수준, 생애 주기에 따른 주택 공급, 주거복지 수요에 따른 임대주택 우선 공급, 양질의 주택건설 촉진과 임대주택 공급 확대, 주택의 체계적이고 효율적인 공급" 등이 법령에 기재된 내용이다. 취지는 주거복지를 위한 주거기본법인데 내용은 여전히 주택 공급에 대한 것이 대부분이다.

선거 때마다 주택 공급을 늘리겠다는 호기로운 정책 선언이 쏟아진다. 정권이 바뀔 때마다 택지개발 위주의 신도시나 도심 재정비사업을 통해 빠르게 주택을 공급하기 위한 묘안이 발표된다. 그 방법이 어찌 되었든지 주택이 상품이라는 것은 변하지 않는 근본이다.

그러나 인구가 더 이상 늘지 않는다면, 아니 유지조차 되지 않고 줄게 된다면 그때도 아파트가 대한민국의 주거 문화를 주도할 수 있을까? 개인보다 집단을 더 중시했던 한국인들의 문화가 MZ세대 이후 점차 개인화되고 결혼과 출산은 필수가 아닌 선택이 되고 있는 새로운 환경에서도 4인 가정에게 맞춰져 있는 국민주택 규모의 아파트가 최고의 주택 유형이라는 평가는 유효할 수 있을까?

더 늦기 전에 현재를 직시하고 미래를 예측해야 하며 새로운 대안에 대한 고민이 필요한 때이다. 당장 눈앞의 현안에만 함몰되어 공급만 외치다가 유령도시, 폐허도시를 만들어낼 수는 없다.

주공아파트가 그 동네에서
입지가 제일 좋은 이유

최고의 입지에 위치해 있던 주공아파트들이
인구 감소와 지역 양극화 속에서 재정비의 기로에 섰다.
이제는 단지형 아파트를 넘어서는 새로운 주거 문화가 필요하다.

박정희 정권은 마포주공아파트를 '혁명 한국의 상징'으로 제시하며
아파트 공화국 시대를 열었다. 1962년에 준공된 이 아파트는 최초
의 단지형 아파트로, 대규모 고층 건물과 최신식 시설을 갖추어 현
대적인 주거 문화를 상징했다. 주거 형태도 단독주택에서 단지형 아
파트로 전환되었으며, 국가와 건설사의 협업으로 대량 공급된 아파
트는 이후 한국인의 선호 주거지로 자리 잡았다. 청약 제도와 주택
공급 정책은 국민의 주거 안정뿐 아니라 정치적·경제적으로 긍정적
인 영향을 미쳤다. 그러나 인구 감소와 사회적 변화 속에서 아파트
중심의 주거 형태가 지속 가능할지에 대한 고민이 필요한 시점이다.

'혁명 한국'의 상징이었던
국내 최초의 단지식 아파트

박정희 전 대통령은 1963년부터 1979년까지 무려 17년간 제5~9대 대통령을 연임했다. (1962년 군사 쿠데타로 정권을 잡은 박정희 전 대통령은 국회 해산 뒤 대통령 직선제를 도입한 후 장기집권을 위해 1969년 3선 개헌과 1972년 유신헌법을 시행했다. 유신헌법은 대통령 임기를 6년으로 명시했으나 단임 또는 중임 규정을 두지 않아 사실상 종신 집권이 가능했었다. 현재 헌법은 대통령 직선제와 5년 단임제가 이어지고 있다.)

1971년 7대 대선에 출마한 박정희 대통령의 선거 광고에는 아파트가 등장한다. 오늘날 대선 후보가 올림픽파크포레온 아파트를 배경으로 선거 광고를 제작하는 것과 다름없는 것인데 지금으로서는 상상하기 어려운 일이다. 이 광고에서는 한 농부의 흐뭇한 미소로 "풍요한 결실"을, 아이가 뛰노는 단란한 가족의 모습으로 "행복한 생활"의 이미지를 강조한다. 잔디밭에서 행복한 시간을 보내는 듯한 가족들의 모습 뒤로 보이는 건물이 바로 대한민국 아파트 공화국 시대의 막을 연 마포주공아파트(現 마포삼성아파트)다. 이 아파트를 무려 대선 광고에까지 등장시킨 이유는 박정희 정권의 위대한 업적이라고 생각했기 때문인데, 준공식에서 당시 국가재건최고회의 의장이었던 박정희는 '혁명 한국의 상징'이 되기를 바란다고 말한 바 있다.

● 1971년 박정희 후보의 대선 광고 속 마포주공아파트 ●

출처: "공화당과 함께 풍요한 결실과 행복한 생활을!", 중앙일보, 1971. 4. 11., p.1

마포주공아파트는 LH(한국토지주택공사)의 전신이었던 대한주택
공사가 1962년 서울 마포구 도화동에 지었다. 마포형무소에 수감된
죄수들을 노역시키기 위해 있었던 연와 공장 터에 국내 최초의 단지
식 아파트를 건설한 것이다. 지금은 마포삼성아파트로 재건축되어
최초의 모습은 볼 수 없지만, 기록된 사진을 보면 1960년대 초에 지
어진 것임에도 불구하고 이후에 지어진 주공 및 민영 아파트들보다
도 뛰어난 건축 외형을 갖추고 있다.

오늘날의 아파트 이름도 위치를 표시하는 지명과 건설사의 브랜
드명을 조합해서 짓곤 하는데, 최초의 아파트 역시 소재지인 '마포'
와 '대한주택공사'의 세 번째와 다섯 번째 글자를 따서 마포주공아
파트라고 이름 지었다. 이후 주공아파트는 최초라는 타이틀과 함께
한국인의 주거생활을 완전히 바꾸어놓게 된다.

출세한 느낌을 주는 현대화된 삶의 무대, 주공아파트

마포주공아파트 이전에도 아파트는 존재했다. 그러나 단지 형태가 아닌 한 개의 동에 2~3층으로 짓는 나홀로 아파트와 같은 형태가 일반적이었다. 마포주공아파트는 1962년에 주거동 A, B타입 6개 동 450가구(Y자형)를, 1964년에 주거 4개동(일자형)을 완공함으로써 10층짜리 1,158가구가 단지 형태를 이루는 압도적인 규모로 지어졌다. 그뿐 아니라 양변기가 있는 수세식 화장실과 온수 시설, 엘리베이터 도입을 계획하는 등 당시에는 상상하기 힘든 파격적인 최신식 주거환경을 조성했다.

사업 주체는 처음으로 이런 공사를 설계해야 했고 중간에 사업비가 부족해서 주한미국경제협조처(USOM)에 원조를 요청할 정도로 사업 환경이 좋지 못한 상태로 건설했지만, 이런 노력의 산물은 이후 아파트 건설에 큰 영향을 미쳐 오늘날까지도 우리는 마포주공아파트 스타일의 주거환경 속에서 살아가고 있다.

건축 형태뿐만 아니라 분양을 통한 주택 개발이라는 공급 방식도 마포주공아파트가 최초였다. 주택공사는 마포 아파트 1단계를 1962년에 임대하고 2단계는 1964년에 분양을 했다. 1967년에는 자금난으로 1단계도 분양으로 전환을 해서 입주민들과 갈등이 생기기도 했다.

그해에 시작된 제2차 경제개발 5개년 계획은 '대도시에 대단위 고층 아파트 공급'이라는 목표를 세웠다. 이후 대한주택공사의 주택 공급 정책은 분양, 그것도 선 분양으로 전환되었고 이는 민간 사업자들의 주택 건설에도 그대로 이어졌다. 마포주공아파트의 주거 형태가 단독주택에서 단지형 아파트 방식으로 전환되는 시기에 국가와 사업자, 수요자 모두에게 선례가 되어 지금까지 이어지고 있다.

또한 마포주공아파트는 건축된 지 약 30년이 지나서는 노후화와 1990년대와는 맞지 않는 좁은 면적(세대당 9~16평) 등을 이유로 재건축이 진행되었고 1994년에 마포삼성아파트라는 이름으로 준공되었다. 한국 역사상 최초의 재건축 아파트라는 기록을 또 남기게 된 것인데 이는 현재 재건축 안전진단 연한을 30년으로 정하는 아파트 생애 주기에도 영향을 준 것으로 보인다.

발전되는 설계, 상권, 학군까지 우수 입지의 면모를 갖추어가는 주공아파트

이후 아파트는 마포주공아파트처럼 주거동을 반복 배치하고 지하엔 상점·편의시설을 배치하는 단지식 형태로 지어졌다. 1970년 용산구 이촌동에 준공한 한강맨션아파트는 아파트가 부의 상징으로 확실하게 자리매김하도록 해주었다. 한강이 조망되는 우수한 입지에 30평형에서 50평형까지의 대형 평수, 당시로서는 최고급 자재를 두루 갖춘 국내 명실공히 최고급 아파트였고, 최초로 본 공사 전에 모델하우스를 통해 견본 주택을 선보이기도 했다.

1970년대에 지어진 반포주공아파트는 영동 개발을 선도했다. 국내 최초로 복층형 설계가 등장했고, 수영장과 테니스장 등 혁신적인 커뮤니티를 갖춰 수요자들에게 인기가 폭발적이었다. 아파트를 청약제도라는 시스템을 통해 분양하기 시작한 것도 1977년 반포주공 3단지가 최초다.

현재도 청약을 통해 내 집 마련을 하는 것을 많은 수요자들이 선호하고 있어 청약 제도에 특별공급과 우선공급, 일반공급 1순위와 2순위 등으로 조건을 나눈다. 이 중 특별공급 제도는 '주택 공급에 관한 규칙'에 따라서 정책적 배려가 필요한 계층 중 무주택자 위주로 지원을 해주기 위해 일반 공급과 경쟁을 하지 않고 특별히 우선 분양받을 수 있도록 하고 있다. 생애최초, 신혼부부, 다자녀, 노부모 부양, 기관추천 특별공급 등이 있었고 2024년에는 최초로 저출생 극복을 위한 신생아특별공급이 만들어졌다.

그러나 1970년대에는 산아제한 정책을 쓰고 있었기 때문에 불임 시술자들에게 청약 우선권이 주어졌다. 1순위는 해외취업자로 불임 시술을 받은 자, 2순위는 불임수술자, 3순위는 해외취업자였는데 외화를 벌고 인구를 줄이는 것이 정부 정책의 최우선이었으니 참으로 격세지감이 느껴지지 않을 수 없다. 실제로 1976년 말 기준으로 불임수술자는 8만 명 정도였는데 1977년 8월 말 기준으로는 14만 명 정도로 175% 증가했다고 한다. 정책의 중요성이 느껴지는 대목이다. 불임수술자 우선 청약권 제도는 이후 1990년대 말까지 20여 년이나 지속되었다. 1984년에는 44세가 넘기 전에 부부 중 한 명이 불임수술을 해야 우선권을 받도록 법이 개정되었고, 1986년에는 34세로 재개정되었다. 이 조항은 1997년에 와서야 삭제되었는데, 1970년 100만 명이 넘었던 신생아 수가 80년에는 86만 명, 90년에는 64만 명까지 떨어졌으니 지금 와서 보면 매우 안타까운 일이다.

1980년대에는 서울 인구가 급증하면서 '주택 500만 호 건설'을 정책 목표로 정하고 정부에서 더 적극적으로 주택 개발과 공급에 나서게 된다. 반포주공아파트를 시작으로 잠실주공아파트(1976년), 둔촌주공아파트(1980년), 개포주공아파트(1981~1983년), 고덕주공아파트(1983~1984년)가 지어졌으며 서울과 가까운 신도시인 과천에 과천주공아파트(1981~1984년)가 건설되었다. 이 시대에 지어진 아파트들은 초·중학교까지 단지 내에 갖추면서 지금과 같은 아파트 입지의 조건을 갖추게 된다.

주공아파트가 있는 지역들은 단기간에 인구가 늘어나면서 인구밀도가 높아졌고, 동일한 지역구 내에서 주공아파트 단지가 선거에 주는 영향력도 커지게 된다. 인구가 많으니 군집의 영향력이 커지고 이후 교통 계획, 학교 배치 등에서도 유리해져 대도시 주공아파트가 있는 지역들은 교통, 학군, 생활편의시설 등 주거 환경에 유리한 조

건들을 갖추게 된다. 지금도 광역시급의 도시에 가보면 주공아파트
가 있는 동네가 가장 입지가 우수한 곳인 경우가 많다.

30여 년이 지난 지금, 전국의 주공아파트들은 이미 재건축이 되었
거나 재건축을 계획하고 있다. 과거 인구 증가가 해당 지역의 주거
인프라 발전에 좋은 영향을 주었다면 인구 감소는 발전을 저해하는
요인이 될 수도 있다.

전국 대부분 지역에서 인구가 감소하고, 지역별 양극화가 심화되
는 상황에서 낡은 주공아파트들이 모두 재정비될 수 있을까? 이제
는 미래를 내다보고, 단지형 아파트 방식에서 벗어나 새로운 주거
문화를 모색해야 할 때다.

세계에서 알아주는
경쟁력 있는 도시의 요건

매력적인 서울이지만 낮은 주거 질이 경쟁력을 약화시킨다.
세계 도시들과의 경쟁 속에서 주거 환경 개선으로
서울이 새로운 도시 경쟁력을 키워야 할 때다.

서울은 유서 깊은 역사 도시로 오랫동안 자리매김하다가, 1960년대 이후부터 본격적인 산업화와 도시화를 거쳐 현대적 모습으로 발전해왔다. 그리고 이제는 세계 유수의 도시들과 경쟁하며 글로벌 도시로서의 위상을 확보해야 할 때다.

글로벌 도시 경쟁력 지표는 서울의 강점으로 K-문화와 교통 접근성 등을 꼽았지만, 높은 인구밀도와 낮은 주거의 질은 약점으로 작용되었다. 이러한 문제를 해결해 서울의 주거 질을 개선하고, 글로벌 경쟁력을 높이는 방안이 필요한 시점이다.

유서 깊은 도시인 서울,
그러나 현대도시로서의 세월은 짧다

대한민국의 수도 서울은 600여 년의 세월이 담긴 유서 깊은 도시다. 한강 주변에서 발견된 여러 유적과 유물들은 선사시대 이후에 서울이 줄곧 한반도의 요충지이자 민족 역사의 중심지 역할을 하며 성장해왔음을 알 수 있게 해준다. 그러나 거듭된 전란과 일제강점기를 거치고 광복 후 닥친 한국전쟁의 비극으로 인해 서울을 포함한 모든 도시는 처참한 파괴의 과정을 겪을 수밖에 없었다.

이런 역사적인 배경 때문에 사실상 대한민국의 도시가 지금과 같은 현대 도시의 모습으로 발전하기 시작한 것은 1960년대 이후라고 할 수 있다. 이 시기에 제1·2차 경제개발 5개년 계획의 추진으로 급속하게 산업화와 도시화가 진행되었고, 대규모 택지 개발과 전 국토의 균형 발전을 도모하기 위한 구체적인 계획들도 진행되었다.

그동안에는 고도성장에 따른 도시의 비약적인 발전과 확장이 주된 관심사였다면, 이제는 대한민국 인구의 절대적인 수치가 빠르게 줄면서 또 다른 의미로의 도시 경쟁력을 갖춰야만 살아남을 수 있는 시대가 도래하고 있다. 국내 도시 내 지자체끼리도 경쟁력이 있어야 도시가 유지될 수 있고, 서울은 뉴욕이나 런던, 도쿄와 같은 글로벌 대도시와 견주어도 손색이 없을 정도로 국제도시로서의 위상을 갖출 필요가 있다.

그렇다면 경쟁력이 있는 도시가 되려면 어떤 요건이 필요할까? 경쟁력 있는 도시들의 공통점은 무엇일까?

글로벌 도시경쟁력 평가 지표로 본 대한민국 서울의 순위

글로벌 민간 컨설팅사에서는 각 사가 지향하는 목적에 따라서 글로벌 도시경쟁력 평가 지표 체계를 가지고 도시를 평가해 순위를 발표하고 있다. 대표적으로 중국 사회과학원과 UN 해비타트가 공동으로 수행하는 '세계 도시 경쟁력 지표', 일본 디벨로퍼 모리빌딩의 싱크탱크인 모리재단의 '글로벌 파워 도시 지수', 미국 일리노이주의 글로벌 경영전략컨설팅 회사인 AT커니의 '글로벌 도시 지수' 등을 들 수 있다.

'세계 도시 경쟁력 지표(Global Urban Competitiveness Index)'는 전 세계 1천 곳 이상의 주요 도시 경쟁력을 경제적 경쟁력과 지속적 경쟁력 등 2가지 항목을 중심으로 순위를 매겨 발표한다. 경제적 경쟁력은 과거의 경제 실적을 평가하고, 지속적 경쟁력은 미래의 성장 잠재력을 전망해 측정한다. 예를 들면 용인시에 있는 공장에서 반도체 부품을 생산하면 경제적 경쟁력이 높아지고, 공장을 건설하면 지속적 경쟁력이 향상되는 식이다.

● 세계 도시경쟁력 순위 비교(2020) ●

도시	중국사회과학원, 세계도시경쟁력 지수	모리재단, 글로벌파워도시지수	AT커니, 글로벌도시지수
베이징	17	15	5
상하이	10	10	12
서울	15	8	17
도쿄	6	3	4

출처 : 도시경쟁력 진단에 근거한 서울시 도시경쟁력 강화 전략(서울 연구원, 2021년)

2008년부터 발표하고 있는 '글로벌 파워 도시 지수(Global Power City Index, GPCI)'는 총 48개의 도시(2020년 기준)를 평가대상으로 하고 있다. 도시 거주 경험자들을 대상으로 실시하는 온라인 설문조사와 경제, 연구·개발, 문화·교류, 거주 적합성, 생태·환경, 교통·접근성 등 총 6개 분야의 조사 결과를 종합해서 발표하고 있다.

'글로벌 도시 지수(Global City Index, GCI)'는 2008년부터 전 세계 150개 도시를 대상으로 기업활동, 인적자원, 정보교류, 문화적 체험, 정치적 참여도 등 5개 분야의 29개 지표를 측정해 세계화 수준을 평가한다.

이 밖에 삶의 질을 평가하는 지표로 미국의 컨설팅 업체인 머서의 '삶의 질 지수'와 영국 시사 경제 주간지 이코노미스트의 계열사인 EIU(Economist Intelligent Unit)에서 실시하는 '세계에서 가장 살기 좋은 도시' 등이 있다.

　머서는 글로벌 기업 주재원의 파견 수당을 정하기 위한 기초 자료로 활용하기 위해 1997년부터 매년 전 세계 주요 도시를 대상으로 살기 좋은 도시 순위를 발표하고 있다. 약 450개 도시의 삶의 질과 생활환경을 10개 분야(소비재, 경제환경, 주거환경, 의료 및 보건위생, 자연환경, 정치·사회적 환경, 공공서비스 및 교통, 휴식 제공, 교육 환경, 사회·문화 환경), 39개 항목으로 구분 지어 평가한다.

　EIU(Economist Intelligent Unit)는 140개 도시를 대상으로 안전성, 건강·보건, 문화·환경, 교육, 인프라 구축 등 30개 지표를 연 2회 평가해 '세계에서 가장 살기 좋은 도시' 지수를 발표하고 있다.

교통 좋고 K-문화가 매력적인 서울, 그러나 낮은 주거 질이 문제다

　발표하는 기관의 목적에 따라서 평가 지표의 기준에는 차이가 있지만 세계적인 도시 경쟁력을 인정받으려면 정치·경제 및 교통 인프라 등 다양한 조건을 요한다는 것을 알 수 있다. 좋은 기업의 경영이나 연구개발이 활발하게 진행될 수 있는 인적 자원과 인프라가 갖춰져야 하고, 투명한 정보 공개와 문화 교류의 활성화가 이루어져야 하며 교통 접근성이 좋아야 한다. 또한 쾌적한 자연환경과 안전하게 거주할 수 있는 주거 환경도 매우 중요하다.

안타깝게도 대한민국의 도시 중에서 평가 지표 체계를 통과해 순위권 내에 등재된 도시는 서울이 유일하다. 글로벌 도시경쟁력 평가 내용을 통해 서울의 강점을 분석해보면, 연구와 기술역량, 대중교통 접근성과 안전성 그리고 K팝, K뷰티, K푸드 등으로 대표되는 문화적인 매력도를 꼽을 수 있다.

반면 약점은 약화된 경제 경쟁력과 인적자원, 낮은 주거의 질을 꼽을 수 있다. 대한민국에서 고급 주택이 가장 많고 주택 가격도 비싼 서울의 주거 질이 낮아지고 있다니 많은 대한민국 국민들은 이해하기 어려워할 것 같다. 주거의 질이 낮아지는 것에는 여러 가지 요인이 있겠지만 그중에서 인구 문제, 다시 말해서 인구밀도가 높음으로 인해 연계되는 불편함이 차지하는 비중은 매우 크다.

서울은 이웃 나라인 일본의 도쿄나 중국의 베이징과 비교해봐도 인구밀도가 월등히 높다. 서울의 인구는 약 950만 명(2022년 기준)으로 인구수 자체는 적지만 1km²당 15,550명이 살고 있는 것으로, 평(3.3m²)으로 환산해보면 한 명당 약 19평을 사용하고 있는 셈이다. 같은 방식으로 계산해보면 도쿄의 인구밀도는 1km²당 6,410명으로 한 명이 약 47평을, 베이징은 1km²당 1,312명으로 한 명이 약 231평을 사용하고 있다.

대도시 인구 집중 현상은 글로벌 어디서나 공통적으로 나타나고 있는 시대적인 흐름이지만 서울은 유난히 인구밀도가 높고 이로 인해 쾌적한 주거지와는 거리가 멀어지고 글로벌 경쟁력이 약해지는 주된 요인이 되어버렸다.

　모든 문제 속에는 기회가 있다. 1970년대에는 도시의 기반을 다지고 발전시키는 일에 사력을 다했다면 이제는 서울을 포함한 도시의 주거 질이 낮아지고 있는 문제점을 어떻게 극복할지 고민하고 전화위복의 기회로 삼아야 한다.

PART 2

도시 구조 및
인구 구조의
대전환 시대

우리나라 인구의 70% 이상이 국토의 16.6%에 불과한 대도시에 거주한다. 인구 감소와 수도권 집중 현상이 동시에 진행되면서 수도권은 높은 인구밀도와 주거비 부담, 지방은 인구 절벽과 주택의 자산가치 상실이라는 상반된 위기에 직면했다. 최근에는 수도권 안에서도 양극화가 심화되면서 서울을 향한 관심이 한층 뜨거워졌다. 이에 따라 서울 아파트는 이제 단순한 주거 공간을 넘어 가장 안전하고 수익성 높은 자산으로 인식되고 있다. 주택 가격은 입지, 정책, 금리 등 다양한 요인에 따라 움직이지만, 때로는 심리가 결정적인 역할을 한다. 기대 심리가 상승을 가속화하기도 하고, 군중 심리는 시장 과열을 유발하기도 한다. 인구 감소와 도시 구조 변화 속에서 과열된 심리에 휩쓸려 무리한 결정을 하기보다는 긴 호흡과 균형 잡힌 시각으로 신중한 의사 결정을 해야 한다.

지금 대한민국 대도시는
어떤 상황인가?

대한민국 국토의 16.6%에 무려 70%가 넘는 인구가 집중되어 있다.
지방은 인구 소멸, 수도권은 기후변화 위기 속에서
이제 미래를 위한 결단이 시급한 때다.

대한민국의 인구는 수도권과 대도시에 집중되어 있으며, 전체 국토의 16.6%에 약 70%의 인구가 밀집해 있다. 특히 젊은 세대일수록 대도시 선호는 더욱 두드러진다. 그러나 수도권에 편중된 개발과 녹지 부족 문제는 주거의 질을 저하시키고 도시에 집중된 인구의 생활 환경을 악화시키고 있다. 더불어 대도시는 기후 변화와 지속 가능성의 위기에 직면하고 있으며, 인구 감소와 지역 양극화가 본격화되고 있다. 이러한 문제가 지속됨에 따라 미래를 고려한 지속 가능한 도시 정책이 요구된다.

대한민국의 도시와 국토는 우리가 후대에 물려줘야 할 유산이다.

그러므로 근시안적인 해결책 대신 도덕적 책임을 갖고 미래 지향적인 선택을 하는 것이 필요하다.

국토의 16.6%밖에 안 되는 대도시에 70%가 넘는 인구가 거주한다

대한민국은 100,449km²(2023년 기준)의 면적에 약 5,175만 명의 인구(통계청, 장래인구추계)가 살고 있다. 이 중 수도권 면적은 전체 국토의 11.8%인 11,872km²에 불과한데 인구의 절반이 넘는(50.8%) 약 2천 600만 명이 모여 산다. 한편 5대 광역시와 세종특별자치시를 합한 면적은 국토의 4.8% 수준이고, 인구의 19.5%인 약 1천만 명이 살고 있다. 이를 합하면 수도권과 광역시 등 대도시는 전체 국토의 16.6% 정도에 불과한데 여기에 70%가 넘는 대다수의 인구가 살고 있는 것이다. 나머지 80%가 넘는 국토인 지방에 살고 있는 사람은 전체 국민의 30%도 채 되지 않는다.

2030세대로 연령대를 좁혀보면 도시 집중 현상은 더욱 극명해진다. 전국의 20세부터 39세까지의 인구는 약 1,260만 명으로 전체 인구의 약 30% 정도를 차지한다. 이 중 수도권에 거주하는 인구는 약 700만 명으로 전체의 56% 정도이고, 광역시와 세종특별자치시를 포함하면 950만 명 정도로 전체의 75%가 대도시에 거주하는 것으로 나타난다.

인구의 도시 집중 현상은 대한민국에 국한된 일은 아니다. 2022년 유엔무역개발협의회(UNCTAD)의 통계 보고서에 따르면 전 세계 인구의 약 56.9%가 도시 지역에 거주하고 있다. 선진국의 경우에는 79.7%가 도시에 거주하고, 개발도상국은 52.3%만 거주하는 등 국가별 격차가 컸지만, 지난 10년간 아시아와 오세아니아 등의 개발도상국은 빠르게 도시화되고 있고, 최근에는 아프리카의 도시화도 눈에 띄게 높아지고 있는 상황이다. 이처럼 산업 발전과 경제 성장은 자연스럽게 인구의 도심 집중 현상을 가져온다는 것을 알 수 있다.

"강이 에덴에서 흘러 나와 동산을 적시고 거기서부터 갈라져 네 줄기 강의 근원이 되었으니." 창세기에서 말하듯, 인류의 시작점인 에덴동산은 4개의 강가에서 시작되었다. 그리고 이곳에는 먹기 좋은 열매가 맺히는 나무와 각종 곡식, 채소들이 자라났다. 산업 혁명 전부터 인류는 직접 재배나 수집 등을 통해 먹고살았기 때문에 농작물을 키우고 식량을 얻기 편한 물가에 모여 사는 것이 현명한 선택이었다.

따라서 일자리가 풍부하고 생활 인프라가 발달한 대도시로 인구가 이동하는 것은 당연한 이치다. 그러나 많은 기회와 편익을 제공하는 도시는 동시에 인구밀집 현상을 가져오고 이로 인한 여러 가지 문제점을 야기하기도 한다.

특히 대한민국은 유례없는 빠른 경제 발전으로 초스피드 도시화가 진행되었기 때문에 별다른 준비 없이 인구 감소와 초고령화 시대를 맞이하게 되었다. 동시에 지역 양극화, 지방 소멸 같은 낯선 단어는 어느덧 불확실한 가설이 아닌 확정된 리스크로 삼고 이에 대한 해결책을 제시해야 하는 상황이다.

앞만 보며 달리는 기수처럼 '잘 살아보세'라는 명확한 결승선을 향해 부지런히 달려온 부모님의 세대가 목표는 이루었지만 주변 상황에 대한 인식을 놓치고 적시에 유연한 대응을 하지 못했다면, 그 배턴을 이어받은 다음 세대는 목표 설정을 다시 하는 것이 선행되어야 할 것이다. 지금이 바로 인구 감소, 지방 소멸, 출산율 제로 등 인류의 존재 자체를 흔들 수 있는 두려운 리스크가 현실화되어 이슈가되지 않도록 현상을 적시하고 올바른 인구와 관련된 정책과 지역별 도시 계획의 방향성을 현명하게 바로잡아야 할 골든타임이다.

지역 양극화의 양면성, 주택이냐 자연이냐?

대도시는 인구가 증가하는 과정에서 주거와 업무, 상업 시설 등의 빠른 공급을 필요로 한다. 따라서 논과 밭, 산 등 파릇한 녹지 공간은 점점 사라지고 아파트와 빌딩, 도로망 등 사람들이 먹고사는 데 필요한 시설물들로 채워진다.

서울 토박이인 필자의 아버지는 어릴 적 압구정동 현대 아파트 인근을 지나면서 "여기가 옛날에는 다 배밭이었는데…"를 시작으로 서울 강남 촌구석의 논밭이 언제 이렇게 천지개벽했는지를 이야기해주셨다. 이제 세월이 지나 필자도 나이를 먹으니 도시의 변천사가 눈에 보인다.

특히 최근에 너무나 핫해진 성수동을 보면 옛날 공장과 창고가 즐비했던 모습이 까마득할 지경이다. 어릴 때 그 동네에 살던 친구네 집에 놀러 갔다가 해가 진 후에야 집에 가려고 거리에 나왔는데 문 닫힌 공장 지대가 어찌나 무섭게 느껴지던지 오히려 인기척이 날까 봐 주위를 살피며 귀가했던 기억이 있다. 그러나 지금 성수동은 전국, 아니 전 세계의 젊은이들이 모여드는 세계적인 핫플레이스가 되었다. 너무 일찍 불이 꺼져서 무서웠던 공장 지대 성수동은 이제는 날이 새도록 불이 꺼지지 않는 화려한 명품 거리, 고층의 지식산업센터, 다양한 상업 시설로 탈바꿈된 것이다.

서울은 군이 통계를 찾아보지 않더라도 더 이상 새로운 주택이나 건물을 지을 곳이 있나 싶을 정도로 대부분의 토지가 다양하게 사용되고 있다. 그럼에도 불구하고 서울의 주택은 공급이 부족해서 가격이 계속 오를 것이라는 전망이 많고 주택 매매와 전세가격 흐름을 보면 이런 전망에 동의가 되는 추이를 보여준다.

최근 10여 년 동안의 주택 매매가격 변동률은 전국이 유사한 흐름으로 흘러가지만 먼저 상승하거나 하락하면서 시장을 주도하는 것은 수도권, 특히 서울이라는 것을 알 수 있다. 예를 들어 2017년과 2018년에는 서울이 먼저 상승한 후 수도권과 지방 순으로 확산되는 모습을 보였고, 저금리로 인한 유동성이 풍부했던 2020년과 2021년에는 지방권이 더 크게 오른 후 2022년 침체기가 시작되자 수도권보다 지방이 더 크게 떨어지고 느린 회복 속도를 보였다.

이런 현상의 주된 요인으로 꼽히는 서울 주택 공급 부족 문제를 해결하기 위해서인지 최근의 주택 공급 정책은 수도권 위주로 돌아가고 있다. 그러나 현실적으로 서울에는 가용할 수 있는 토지가 부족하기 때문에 노후화된 주택을 멸실한 후 기존보다 세대수를 늘려서 아파트를 짓는 재건축, 재개발과 같은 재정비 사업을 하는 것이 아니고서는 주택 수를 늘리기가 어렵다.

그러나 재정비 사업은 민간이 조합원이 되어서 사업을 주도하기 때문에 조합원의 동의가 매우 중요해 시황이나 정책에 따른 변동성이 크고, 정부가 원하는 시점에 충분한 물량의 주택이 공급되기도 어렵다.

따라서 수도권 주택 공급 정책을 경기도와 인천광역시 등 서울 인근의 수도권 쪽으로 확산시키면서 신도시를 건설하는 사업이 주를 이루고 있다. 이렇게 건설한 신도시에는 분당, 일산, 평촌 등에 약 29만 호 주택을 건설한 1기 신도시와 판교, 동탄, 위례, 광교, 검단 등에 약 57만 호를 공급한 2기 신도시 등이 있다. 그리고 최근에는 남양주, 하남, 인천, 고양 등에 약 30만 호의 주택을 공급하는 것을 목표로 3기 신도시 주택 공급이 진행중이다.

그러나 이렇게 신도시를 개발할 때마다 수도권 도시 주변의 자연 환경을 보전해서 시민의 건전한 생활환경을 조성하기 위해 지정된 개발제한구역(그린벨트)을 해제하고 택지화하는 계획이 포함되어 있다. 이미 약 20여 년에 걸쳐서 이러 방식을 통한 대규모 신규 주택 공급 정책을 추진해왔고, 3기 신도시 역시 약 30km² 이상의 개발제한구역을 추가로 해제해서 택지를 확보하겠다는 방침이다.

3기 신도시 부지인 고양 창릉지구는 약 97.7%가 개발제한구역이고, 부천 대장지구는 99.9%가 개발제한구역이다. 물론 전체 부지에 주택을 만드는 것이 아니고 녹지 공간도 상당 부분을 차지하겠지만 수도권의 개발제한구역이 점차 줄어들고 있는 것은 사실이다.

개발제한구역은 도시 주변에 개발을 제한하는 울타리를 띠(belt)처럼 만들고 도시의 무질서한 개발 행위를 제한하는 것이기에 도심 외곽에 환상형으로 유지하는 것이 핵심이다. 이런 이유로 다른 말로 그린벨트라고도 불리는데 국민임대주택, 보금자리주택, 기업형임대주택 등 그린벨트 해제를 통한 신규 주택 공급이 반복된 결과, 수도권 그린벨트의 환상형 축은 대규모로 단절되어버렸다.

수도권의 개발제한구역을 해제해서 주택 공급을 계속해도 괜찮을 정도로 충분한 녹지 공간이 남아 있을까? 안타깝게도 수도권, 특히 서울의 녹지 지역은 심각하게 부족한 상태다. 한국토지정보공사가 제공하는 인구 1인당 도시지역 면적 현황을 보면, 주거와 상업 지

● 개발제한구역 지정 및 해제 현황 ●

구분	1999년	00년 ~03년	04년 ~07년	08 ~11년	12 ~15년	16 ~19년	20 ~23년	2023년
	지정	해제	해제	해제	해제	해제	해제	지정
전국	5,398	1,268	168	72	27	20	48	3,789
서울	168	2	9	5	2	0	0	150
인천	97	0	6	2	1	0	4	84
경기	1,302	20	62	40	5	9	34	1,130
수도권	1,567	22	77	47	8	9	38	1,364
지방	3,831	1,245	91	26	18	9	9	2,425

역뿐만 아니라 녹지 공간도 부족하며, 특히 녹지는 지역별로 편차가 크다.

전국의 1인당 녹지 면적은 266.01m²(80.5평)인데, 서울은 이에 10분의 1도 안 되는 24.79m²(7.5평)에 불과하다. 이 숫자는 보기만 해도 답답함을 느끼게 한다. 주택 가격의 지역 양극화도 심각하지만, 1인당 녹지 면적의 양극화 역시 매우 심각한 상황이다.

서울 내에서도 지역별 차이가 있다. 특히 옛날부터 주거지로 사용된 곳은 현재 강북으로 불리는 지역이다. 조선시대 수도였던 한양(서울)에서도 주요 관청들이 위치했던 종로(북촌과 서촌), 남대문, 동대문 주변에 인구가 집중되었다. 이 지역들은 역사문화환경보존지역과 문화재보호구역 등의 개발 규제로 인해 지금도 옛 모습이 많이 남아 있다.

반면, 강남권은 1970년대 이후 개발 계획을 통해 아파트 중심의 주택 공급이 이루어진 지역이다. 겉보기에는 오래전부터 주택이 있던 지역에 녹지 공간이 더 많을 것 같지만, 실제로는 그렇지 않다. 그 이유는 일정 규모 이상의 개발이 추진될 때 '도시공원 및 녹지에 관한 법률'에 따라 도시공원이나 녹지를 의무적으로 확보해야 하기 때문이다. 개발의 종류에 따라 세부 지침이 다르지만, 적게는 5%에서 많게는 12%까지 녹지를 확보해야 하며, 택지개발과 같은 대규모 개발의 경우 부지의 최대 20% 이상을 녹지로 조성해야 한다.

그래서 서울 내에서도 강남보다 강북의 1인당 녹지 면적이 더 적다. 강북구(42.45m², 12.8평)나 노원구(41.74m², 12.6평)처럼 계획적으로 대규모 아파트 단지가 조성된 지역은 1인당 녹지 면적이 많은 편이지만, 서울 중구(0.21m², 0.06평), 동대문구(1.14m², 0.34평) 등 구도심의 1인당 녹지 면적은 1평도 안 되는 수준이다. 서울은 면적에 비해 인구가 많아 1인당 주거지역과 상업지역의 면적도 다른 지방에 비해 매우 적다. 전국의 1인당 주거지역 면적은 58.22m²(17.6평)인데, 서울은 34.6m²(10.5평)로, 가장 넓은 전남 135.82m²(41.1평)의 4분의 1 수준에 불과하다.

다음 2개의 표를 보면 인구가 수도권과 광역시에 집중되어 있지만, 1인당 넓은 면적을 사용하는 지역은 지방이라는 것을 알 수 있

구분	인구수	세대수
전국	51,286,153	24,021,667
경기	13,648,156	6,010,717
서울	9,378,269	4,486,137
부산	3,284,947	1,569,293
경남	3,239,224	1,530,698
인천	3,008,484	1,361,550
경북	2,546,120	1,288,344
대구	2,368,670	1,098,201
충남	2,133,828	1,044,592
전남	1,797,199	912,121
전북	1,748,047	863,318
충북	1,590,854	782,921
강원	1,523,661	763,568
대전	1,441,272	684,540
광주	1,414,862	656,984
울산	1,101,059	492,911
제주	672,775	313,797
세종	387,726	161,975

● 전국 인구 및 세대수 현황 ●

(단위 : 명, 세대)

출처 : 한국부동산원(2024년 3월)

● 인구 1인당 도시지역 면적 ●

(단위 : 평)

지역	주거면적	녹지면적
전국	17.6	80.5
서울	10.5	7.5
인천	12.9	30.7
부산	13.2	49.6
경기	14.5	62.3
대전	14.8	83.5
대구	15.6	79.5
광주	18.6	75.5
울산	18.9	141.8
충북	22.9	131.4
경남	23.9	155.1
세종	25.6	84.4
충남	25.9	111.7
제주	26.3	191.4
전북	26.5	124.7
경북	32.2	202.7
강원	33.6	188.5
전남	41.1	266.4

출처 : KOSIS(2022년 기준)

다. 인구수와 1인당 도시지역 면적은 반비례하는데, 전국에서 인구가 가장 많은 도시는 경기, 서울, 부산 순이지만, 1인당 주거지나 녹지 면적이 가장 적은 지역은 서울, 인천, 부산, 경기 순이다. 인구밀도가 높은 대도시에서는 주거, 상업, 녹지 등 모든 공간이 좁게 사용되어 북적거리며 생활하고, 반면 인구밀도가 낮은 지방은 넓은 면적을 사용하며 풍부한 녹지 공간을 누리고 있다.

인구 감소와 대도시 집중 현상은 지역 양극화를 현실로 만들었으며, 지방은 인구 소멸, 수도권은 기후변화의 위기에 직면하고 있다. 문제의 성격은 다르지만, 도시의 지속 가능성에 대한 위기라는 점에서는 공통적이다.

인류의 시작이었던 에덴동산에서 인간은 선악과를 따먹고 쫓겨났는데 이 선악과는 인간의 자유의지와 도덕적 책임을 상징한다. 우리가 살고 있는 대한민국은 지금 우리의 삶의 터전이자 자산이지만 동시에 미래 세대에게 남겨야 할 유산이기도 하다. '인구 감소'라는 새로운 인구 구조 변화 앞에서 당장의 문제 해결에만 집중하는 근시안적인 결정이 아닌, 미래를 위해 자유의지와 도덕적인 책임을 가지고 선택해야 대한민국이라는 소중한 터전의 지속 가능성을 보장할 수 있을 것이다.

주택을 바라보는
시선의 변화

부동산 때문에 전국의 시선이 서울로 집중되었다.
저금리 시대가 트리거가 되어 가족의 보금자리의 의미보다는
중요한 자산으로써 부동산을 보고 있다.

부동산시장은 주택, 특히 '서울 아파트' 선호도가 높아졌다. 코로나-19 사태로 인한 저금리 시대를 겪으면서 지방 자산가와 MZ세대에 이르기까지 수요는 늘어났고, 전국적으로 서울 아파트가 안전하고 수익성 높은 자산으로 각광받게 되었다. MZ세대는 많은 정보 매체를 통해 부동산 지식을 쌓으면서 투자 결정을 내리고 있으며, 주택은 이제 거주보다는 투자 대상으로 변모했다.

그러나 모든 이들의 수요를 채울 수 없는 것이 세상의 진리다. 서울 아파트에 대한 과도한 관심은 지방의 침체를 가속화하고, 주거 양극화를 초래하고 있다.

안전하고 수익도 가장 좋은
투자처는 역시 주택

어느 순간부터 부동산시장이라는 말이 사실상 주택, 더 나아가 서울 아파트를 지칭하는 용어로 굳어졌다. 이러한 현상은 인구 구조 변화에 따른 예견된 결과였을 수 있지만, 코로나-19가 그 촉매제가 되었다고 볼 수 있다.

필자가 담당하는 업무 중 상당 부분은 소속된 금융사의 고객들에게 부동산 자산 관련 정보를 제공하고, 필요 시 개별 상담을 통해 조언을 해주는 것이다. 그런데 코로나-19 전후로 고객들의 행동과 부동산시장의 트렌드에서 큰 변화를 체감하게 되었다.

고객들의 변화는 크게 2가지로 나뉘는데, 첫째는 전국 각지에 거주하는 고객들의 관심이 '서울 부동산'에 집중되기 시작한 점이다.

예를 들어 울산이나 창원 등 지방에 거주하는 자산가 고객들은 보통 개인 자산의 많은 부분을 해당 지역의 부동산 자산으로 보유하고 있는 경우가 많다. 이들 대부분은 사업가로, 사업이 잘되면 주변에 땅을 사고, 더 잘되면 인근의 추가 토지를 매입해 재산을 불려나가며, 보유한 땅이 개발되면서 자수성가하는 스토리가 일반적이다.

자산관리와 투자결정에서 중요한 3가지 요소는 수익성, 안전성, 그리고 유동성이다. 그러나 이 3가지를 모두 만족시키는 단일 자산은 존재하지 않기 때문에, 자신의 상황에 맞춰 적절한 자산 분산을 통해 균형을 찾는 것이 필수적이다. 과거에 부동산으로 자산을 축적한 사람들은 이러한 경험 때문에 금융 자산에는 큰 관심을 두지 않는 경우가 많다.

과거에는 상담을 진행하면서 특정 지역의 부동산에만 집중하기보다는 같은 부동산이라도 서울이나 수도권의 부동산으로 분산하는 것이 좋다고 권유하면, 이를 받아들이지 않는 경우가 대부분이었다. 심지어 불쾌감을 표현하는 고객도 있었다. 그들의 입장은 "우리 지역에도 부동산이 많은데 굳이 서울까지 가서 매입할 필요가 있느냐"는 것이었다. 사실 틀린 말은 아니다. 부동산은 부동성이라는 특성 때문에, 너무 먼 거리에 있는 부동산은 관리가 어렵고, 잘 모르는 지역의 부동산을 매입하는 것은 결코 쉬운 결정이 아니기 때문이다.

그러나 2020년 이후 고객들의 태도는 크게 달라졌다. 과거에 필자의 제안을 거절하며 불쾌감을 표했던 고객들로부터 이제는 서울 부동산을 소개해 달라는 문의가 종종 들어오기 시작한 것이다. 이는 '똘똘한 한 채'라는 신조어를 만들어낸 다주택자 규제 정책과 저금리가 맞물리면서 부동산시장을 주도하게 되었고, 인구 감소 시대에도 안전한 자산으로 서울 부동산이 더욱 각광받는다는 인식이 급격히 확산되었기 때문이다.

두 번째로 나타난 변화는 부동산시장의 주체로 MZ세대(밀레니얼 세대와 Z세대를 합친 세대, 대략 1980년대 초반부터 2000년대 초반 출생)가 등장한 것이며, 동시에 단기 투자 수요가 급증한 점이다. 과거에는 상담을 하면 주로 60대 이상의 고객이 대부분이었고, 40대만 되어도 비교적 젊은 편에 속했다. 하지만 최근에는 몇천만 원의 종잣돈으로 갭 투자를 시도하는 사회초년생 때부터 주식이나 코인 투자로 큰돈을 번 신흥 MZ 부자까지 고객층이 다양해졌다. 이들은 언론 기사, 블로그, 유튜브 등의 매체를 통해 이미 상당한 지식과 정보를 축적한 상태로 상담을 통해서는 필요한 부분만 확인하는 것이 특징이다.

개인적으로 가장 기억에 남는 상담 사례가 있다. 약 5천만 원으로 지방 소재 아파트에 갭 투자를 하려던 고객이었는데, 그가 설명한 계획은 필자가 보기에는 리스크가 상당해 보였다. 그 지역을 직접 방문해 주변 환경을 살펴보고 매입을 결정해야 한다고 조언했으나, 물건이 적고 시간이 없어서 직접 보지 않고 매입하겠다고 했다. 그는 1년 정도 보유한 후 차익을 남기고 매각할 계획을 세웠다.

필자는 그때 소위 '꼰대'처럼, 직접 확인하지 않고 거래할 때의 위험성이나 예상보다 높은 단기 양도소득세에 대해 차근차근 설명해 주었다.

하지만 그 MZ세대 고객의 대답은 당돌했다. "현재 시세가 1억 5천만 원인 주택을 전세보증금 1억 원을 제하고 5천만 원으로 매입할 수 있습니다. 지금 분위기라면 1년 후에 2억 원이 될 것이고, 세금을 내더라도 세후 1,500만 원 정도 남을 것입니다. 수익률로 따지면 약 30%인데, 이 정도로 안전하면서 5천만 원으로 1년 안에 이런 수익을 낼 수 있는 다른 투자 대안이 있나요?"라고 반문한 것이다.

이토록 똑 부러진 계산과 분석에 필자는 말문이 막힐 정도의 문화적 충격을 받았다. 물론 1년 후의 시장 상황을 너무 쉽게 예측했다는 리스크는 있었다. 그 고객이 실천했는지는 확인하지 못했지만 이후 지방 부동산시장은 급격히 냉각되었고, 장기간 침체기를 겪고 있기 때문이다.

코로나-19를 전후로 주택시장 수요자들의 관점이 급격히 변화한 이유는 무엇일까? 결론부터 말하자면, 전국적으로 단기간에 주택 가격이 급등하는 현상을 많은 사람들이 직접 목격했기 때문이다. 이전에도 주택 가격이 크게 상승했던 시기가 있었지만, 그 당시에는 인터넷이 지금처럼 발달하지 않았었기 때문에 부동산 투자는 경험이 있는 소수나 관심 있는 사람들만의 영역이었다.

그러나 이제는 실시간 정보 공유가 가능해지면서 누구나 마음만 먹으면 부동산뿐만 아니라 주식, 코인 등 자산 시장에 쉽게 참여할 수 있게 되었다.

게다가 당시 정부는 공무원에게 1주택 초과분을 처분하라는 강력한 메시지를 내놓을 정도로 다주택자를 대상으로 세금과 금융 측면에서 강력한 규제 정책을 시행했다. 2주택 이상 보유 시 보유세와 거래세의 부담이 크게 증가하자, 많은 수요자들이 가장 안전하고 차익이 클 것으로 예상되는 입지 좋은 지역의 아파트에 더욱 관심을 갖게 되었다.

2019년 10월부터 2020년 2월까지 1.25%였던 기준금리는 3월에

0.75%로 인하되었고, 5월부터 2021년 7월까지 15개월 동안 0.5%라는 초저금리 수준을 유지했다. 같은 시기, 5대 시중은행의 주택담보대출 평균금리도 2%대를 유지하며 장기적으로 낮은 금리가 지속되었다. 이렇듯 초저금리가 이어지는 상황은 사람들이 주택을 바라보는 시선을 미묘하게 변화시키는 계기가 되었다.

'부동산'이라고 쓰고
'서울 아파트'라고 읽다

지방의 자산가 어르신은 서울 부동산을 찾고, 서울의 MZ세대는 지방 주택을 보지도 않고 매입하려고 한다. 겉보기엔 전혀 다른 두 사례지만 공통점이 있다. 이들은 주택을 자신과 가족들의 보금자리로 보기보다는 자산의 관점에서 바라보고 있다는 점이다. 주택이 생존을 위한 필수 요소로 여겨졌던 과거에는 주택 가격이 오르든 말든 살기 편하면 그만이었다. 우리가 음식을 통해 수익을 기대하지 않고, 옷을 입다가 중고로 팔아 차익을 내려고 계획하지 않는 것처럼 말이다.

불과 얼마 전까지만 해도 "집은 사는(buy) 것이 아니라 사는(live) 곳이다" "집은 투기의 대상이 아닌 가족의 안식처다"라는 말들이 여전히 큰 울림을 주었다. 물론 그때도 주택을 사고팔아 차익을 실현하려는 사람들이 많았고, 청약 열기도 뜨거웠다. 하지만 적어도 그 시절에는 주택을 투기의 대상으로 보지 말아야 한다는 정의로운 생각이 있었다. 그러나 이제는 이런 외침이 시대에 뒤떨어진 고리타분한 말로 느껴질 정도로, 짧은 시간 안에 주택을 바라보는 시선이 급변했다.

이제 '부동산'이라고 쓰고 '서울 아파트'라고 읽는다. 지방에서 세미나를 해도 서울 아파트 이야기를 꺼내면 청중들의 눈빛이 가장 빛난다. 매주 발표되는 한국부동산원의 주간 아파트 가격 동향부터 실시간으로 차익이 나는 주택 가격을 다루는 언론, 특정 아파트 단지를 찍어주며 선동하는 부동산 스터디카페, 주최 대상조차 불명확한 오픈 채팅방들까지, 지나치게 많은 정보가 빠르게 속수무책으로 퍼져나가고 있다.

"지구는 모든 사람의 필요를 채우기에 충분하지만, 모든 사람의 탐욕을 채우기에는 부족하다"라는 마하트마 간디의 말은 서울 부동산시장에도 그대로 적용된다. 서울은 전국 수요자들의 탐욕을 채우기에는 너무 좁다. 서울에 거주해야 하는 실수요자들과, 투자 목적으로 매입은 하지만 거주는 하지 않는 전국의 투자자들이 몰려들면서 서울 아파트 매매와 전세 가격은 치솟을 수밖에 없다. 반면에 인구가 급격히 줄고 투자 가치마저 하락한 지방은 실수요와 투자수요가 모두 감소하며 미분양이 쌓이고, 구축 아파트는 시세 차익은 차치하고서라도 팔리기만을 바라는 상황에 처해 있다. 지역별 양극화는 빠르게 진행중이다.

누구를 탓할 수도 없는 시대적 흐름 속에서 대한민국의 인구는 세계에서 가장 빠른 속도로 줄어들고, 도시의 불빛도 점차 사라지고 있다. 지금처럼 주택을 투기의 대상으로만 바라보며 "서울 불패, 지방 소멸"을 외친다면, 후손들에게 행복하지 않은 도시 구조를 물려줄 수밖에 없을 것이다.

주택 가격을 결정하는
몇 가지 핵심 요인들

명품 위치와 아파트가 가진 희소성의 프리미엄은 상상 이상이다.
사회적·경제적·행정적 위치의 변화는
대부분 정부 정책에 의해 이루어진다.

"부동산의 가치는 입지로 정해진다"는 말처럼, 다른 어떤 요소보다
위치가 가장 중요하다. 대한민국 주택시장에서 인기 있는 아파트 위
치의 조건은 브랜드와 역세권, 대단지, 신축, 평지, 초등학교와 같은
요소들로 요약되며, 희소성 덕분에 명품처럼 시간이 지날수록 가치
가 상승하기도 한다.

그러나 정부의 정책적 개입은 특정 지역의 사회적·경제적 위치를
변동시킬 수 있다. 반도체 클러스터와 같은 산업단지의 형성이나 신
도시 개발 등은 부동산 가격을 상승시키지만, 개발제한구역 지정과
같은 규제는 가격 상승을 제한한다. 인구가 감소하는 상황 속에서

부동산 투자를 할 때는 미래의 경제적 위치 변화를 예측하는 것이 중요하다.

부동산은 첫째도 위치, 둘째도 위치, 셋째도 위치다

부동산은 다른 자산이나 재화와 차별되는 고유한 특성을 지니고 있으며, 학문적으로는 토지와 건물로 나누어 설명된다. 토지는 여러 가지 특성이 있지만 대표적으로는 '부동성'과 '부증성'이 있다. 토지는 삶의 터전이자, 인위적으로 만들 수 없는 유일한 자산이다. 이러한 이유로 토지는 고정되어 이동할 수 없는 '부동성'과, 그 물리적 양을 증가시킬 수 없는 '부증성'이라는 특징을 지니는 것이다.

유명 가수 박진영의 노래 〈니가 사는 그집〉이란 제목처럼, 우리가 사는 집은 고유한 특성을 가진다. 같은 아파트 단지 내에서도 층수나 방향에 따라 조망이나 채광, 풍향이 조금씩 달라진다. 따라서 동일한 위치에 똑같은 집을 지을 수 없기 때문에 개별성과 희소성과 같은 부동산만의 고유한 특성을 띠게 된다.

따라서 주택 가격을 결정하는 가장 중요한 요인은 토지의 위치다. 미국 대통령 이전에 성공한 부동산 사업가였던 도널드 트럼프가 남긴 "Location, Location, Location!"이라는 유명한 명언이 이를 대

토지			건물
자연적	인문적	경제적	
부동성	용도의 다양성	희소성	내구성
부증성	병합·분할의 가능성	투자의 고정성	동질성
영속성	위치의 가변성	토지의 효용 변경성	상호종속성
개별성	국토성	위치의 선호성	생산가능성
인접성		고가성	이동가능성
		불가분성	

변한다. 부동산에서 첫째도 위치, 둘째도 위치, 셋째도 위치다. 건물의 상태나 디자인이 아무리 뛰어나더라도, 그 건물이 어디에 위치하느냐에 따라 가격이 결정된다. 토지가 가진 고유함이라는 특성으로 인해 위치는 부동산의 가치를 좌우하는 핵심 요소가 된다.

건물은 토지와 달리 동일한 형태로 생산과 공급이 가능하며, 특히 아파트는 '여기는 자이, 저기는 래미안'이라고 쉽게 구분할 수 있을 정도로 건설 시기나 브랜드에서 약간의 차이가 있을 뿐, 형태는 대부분 일률적으로 지어진다.

대한민국에서 가장 선호하는 주택 유형은 단연 아파트이며, 실제로 전체 주택 중 아파트가 약 65%의 비중을 차지할 정도로 많다. 수많은 아파트 중에서도 대부분의 수요자들이 선호하는 조건은 마치 수학 공식처럼 정해져 있다. 과거에는 역세권, 학세권, 슬세권이라는 용어가 흔히 사용되었지만, 최근에는 '브역대신평초'라는 신조어로 더욱 간결하게 요약된다. 이 용어는 브랜드, 역세권, 대단지, 신축, 평지, 초등학교를 의미한다. 부동산을 학습하며 아파트를 매입하는 현대의 대한민국 주택 수요자들은 동일한 브랜드와 유사한 입지 조건을 가진 신축 아파트를 선호하며, 똑같은 세대가 많은 대단지일수록 그 인기는 더욱 높아지는 경향이 있다.

개인의 취향이 반영된 유니크한 주택은 이제 이미 충분한 자산을 보유한 '찐 부자'들이나, 부를 축적하는 것보다 자신만의 행복을 추구하는 '마음 부자'들이 선택할 수 있는 사치가 되어버렸다.

아파트를 공급하는 시행사나 건설사의 입장에서 건축비는 위치와 상관없이 거의 동일하게 들어간다. 오히려 철근, 시멘트 같은 원자재 가격, 인건비, 금융비용 등 건축 시기의 경제적 환경과 주택시장의 분위기가 사업성에 더 큰 영향을 미친다.

그리고 과거 국토부 장관이 아파트를 빵에 비유한 발언처럼, 만약 아파트가 빵이라면 건축비만으로 가격이 책정되겠지만, 아파트는 건축비 외에 토지비가 포함되기 때문에 실제로 가격을 결정하는 핵심 요소는 바로 토지비다. 신도시의 경우 감정평가 금액, 시세, 보상금 등이 기준이 되고, 재정비 사업의 경우 감정평가를 통한 종전가액이 적용된다. 따라서 신규 아파트의 가격을 결정짓는 가장 중요한 요소는 역시 위치인 것이다.

명품시장, 명작시장과 유사한
대한민국 부동산시장

그렇다면 분양 이후 주택 가격은 어떻게 형성될까? 모든 재화의 가격은 기본적으로 '원가+프리미엄'의 구조로 결정된다. 대부분의 재화는 제조사가 원가에 프리미엄을 더해 최초로 공급하지만, 중고 시장에서는 물건의 상태에 따라 가격이 결정되고, 일반적으로 최초 구입 가격보다 낮은 마이너스 프리미엄이 적용된다. 자동차 같은 고가품이나 휴대폰 같은 필수품, 의류나 신발 같은 생활용품도 모두 동일하다. 중고거래 플랫폼을 한 번이라도 사용해본 사람이라면 알 수 있듯이, 중고 시장에서는 무엇보다 낮은 가격이 경쟁력의 핵심이다. 비슷한 상품 중에서 단 몇천 원이라도 더 저렴하게 내놓으면 거래가 빠르게 성사된다.

이처럼 일반적인 시장에서는 시간이 지남에 따라 가격이 하락하는 경향이 강하지만, 이러한 원칙이 부동산시장에서는 반대로 적용되는 경우가 많다.

모든 사람들에게 가치를 인정받는 명품이나 명작이라면 시간이 지날수록 플러스 프리미엄이 늘어난다. 만약에 세상에 둘도 셋도 아닌 단 하나밖에 없는 걸작품이라면 그 가치는 상상 이상이 될 것이다.

최근에는 "명품은 오늘이 가장 싸다!"라는 말이 유행하면서, 샤테크나 롤테크 같은 명품 리셀을 통한 재테크가 새로운 소비 트렌드로 자리 잡았다. '샤테크'란 샤넬과 재테크의 합성어로, 단순히 사용 가치를 넘어서 상징적인 가치가 중요한 소비 행태를 반영한 것이다. 특히 명품 가방은 소유자의 사회적 지위나 개성, 미적 감각을 드러 내는 아이템으로 인식되면서, 결혼식이나 동창회 등에서 가방에 신 경을 쓰는 일이 흔해졌다.

결혼식 룩이나 동창회 룩을 넘어, 최근에는 초등학교 학부모 총회 에 가기 위한 '총회 룩'까지 등장했다는 이야기를 들으면, 요즘 세상 에서 아이 하나를 키우는 일이 얼마나 많은 시간과 자원을 필요로 하는지 새삼 깨닫게 된다.

샤넬로 대표되는 명품 브랜드 가치의 흐름은 일반적인 중고 시장 과는 차원이 다르다. 리테일 구매가격보다 오히려 리셀 시장에서 더 높은 가격이 형성되며, 플러스 프리미엄이 적용되는 것이다. 남성들 의 워너비인 롤렉스 시계도 마찬가지다. 대부분의 시계는 시간 확인 과 같은 기능성에 초점을 맞추지만, 롤렉스는 그렇지 않다. 돈이 있 어도 쉽게 구할 수 없다는 희소성이 강하게 작용하고, 시간이 지날 수록 주기적으로 상승하는 시장 가격이 예비 구매자들을 초조하게 만든다. 이로 인해 현재의 가격이 오히려 '싸다'고 느끼게 되는 역설 적인 상황이 연출된다.

예술 작품, 특히 명화는 그 자체가 지닌 경제적 가치뿐만 아니라 상징적·역사적 의미까지 더해져 가치를 더욱 높게 평가받는다. 화가 가 남긴 명작은 세상에 단 한 점밖에 없기에 진품의 희소성은 더욱 큰 가치로 인정된다.

그렇다면 세상에서 가장 비싼 그림은 무엇일까? 많은 사람들은 빈센트 반 고흐의 〈별이 빛나는 밤〉, 레오나르도 다 빈치의 〈모나리자〉, 혹은 구스타프 클림트의 〈키스〉를 떠올릴 것이다. 그러나 그 주인공은 다소 생소한 작품인 레오나르도 다 빈치의 〈살바토르 문디〉다. 〈살바토르 문디〉는 라틴어로 '구원자'를 뜻하며, 예수가 왼손에 크리스털 구슬을 들고 오른손으로 축복하는 모습을 그린 유화다. 현존하는 다빈치의 16점의 작품 중 유일하게 개인 소장이 가능한 이 작품은 1900년경 발견되었으나, 덧칠과 손상으로 인해 모사품 논란이 있었다. 실제로 1958년 소더비 경매에서는 한화로 약 7만 원에 거래된 바 있다. 그러나 2017년, 크리스티 경매소에서 사우디아라비아 왕세자가 이 작품을 무려 4억 5,030만 달러(약 5천억 원)에 낙찰받으며 세계 미술품 경매 최고가를 기록했다. 이후 2019년 프랑스 루브르 박물관에서 열릴 예정이던 다빈치 사망 500주년 전시를 위해 〈살바토르 문디〉의 진위 여부를 감정했으며, 다빈치의 진품으로 결론이 내려졌다. 그럼에도 여전히 작품의 진위 논란은 가라앉지 않았다. 하지만 이러한 논란에도 불구하고 〈살바토르 문디〉는 '남자 모나리자'로 홍보되며 미술품 경매 역사상 최고가를 기록한 작품으로 남게 되었다.

대한민국 주택시장도 명품시장, 명작시장과 유사한 점이 있고 이것이 주택 가격을 결정하는 주요한 요인이 되고 있다. 특히 아파트는 규격화된 주택 유형임에도 불구하고 그 위치에 따라 희소성이 결정된다. 또한 여기에 맞는 공급은 제한적이기 때문에 시간이 흐를수록 그 가치가 더욱 커질 가능성이 높다. 이런 현상은 공급 당시의 시세와 정책을 반영해서 가격이 결정되는 신축보다 구축에서 더 뚜렷하게 나타날 것이다.

아파트가 분양된 이후 시간이 지나면서 '풍파를 맞느냐, 번영을 맞이하느냐'도 단지의 위치와 지역에 따라서 결정된다. 동일한 지역 내에서도 '브역대신평초'와 같은 공식에 의해 산출된 점수 중에서 최고점을 받는 아파트를 대장 아파트라고 부르며, 그 지역에서 대장이 된 아파트는 가격이 높게 책정되고 가치도 인정받아 지속적으로 지역의 주택시장을 견인하게 될 것이다.

정부의 부동산 정책이
주택 가격을 결정지을 수 있다

지금까지 가격을 결정하는 데 있어 가장 중요한 요소는 '절대적인 위치'이며, 이는 토지의 부동성이라는 특성 때문임을 설명했다. 하지만 토지의 부동성에도 불구하고 사회적·경제적·행정적 위치는 변할 수 있다. 지방에 있는 토지를 서울로 옮길 수는 없지만, 그 지방을 서울만큼의 가치가 있는 곳으로 만들 수 있다는 말이다. 예를 들어 세종특별자치시를 떠올리면 쉽게 이해할 수 있을 것이다.

세종특별자치시는 대한민국의 행정중심복합도시로, 2012년 7월 1일 공식 출범했다. 대한민국의 수도 기능을 분산하고 국가 균형 발전을 도모하기 위해 충청남도 연기군 전 지역과 충청북도 청원군 일부 지역을 포함해서 새롭게 조성된 도시다. 연기군과 청원군 시절의 토지와 세종시로 개발된 후의 토지를 비교해보면, 절대적인 위치는 변하지 않았지만 행정적으로는 지명이 바뀌고, 사회적으로는 행정수도라는 위상이 더해지면서 경제적 가치는 크게 상승했다.

군 단위였을 때 평당 몇만 원에서 몇십만 원에 불과하던 토지 가격이 현재는 몇 배에서 수십 배까지 뛰어 평당 수백만 원에서 수천만 원에 이르렀다. 예를 들어 2012년 6월 세종시 한솔동에 입주한 '한솔동 첫마을 7단지 래미안' 아파트는 초기 가격이 3억 원대였지만, 2024년 하반기에는 6억 원대로, 약 2배 상승했다. 특히 2021~2022년에는 10억 원 이상으로 거래된 적도 있다. 이처럼 물리적인 위치는 고정되어 있지만, 토지를 어떻게 활용하느냐에 따라 사회적·경제적 가치는 크게 달라질 수 있다.

그렇다면 시골 땅을 갖고 있는 사람이 투자를 받아서 세종시처럼 아파트나 상업용 건물을 지으면 토지 가격이 상승할 수 있는데, 왜 그런 시도를 하지 않을까? 그 이유는 바로 부동산의 인문적 특성 중 하나인 '국토성' 때문이다. 토지는 개인 소유물이기도 하지만 동시에 국가의 중요한 자산이다. 자본주의는 개인의 소유권을 존중하고 불가침을 인정하지만, 토지는 면적이 한정된 자원이기 때문에 국민 전체의 생활 터전이라는 공공재로써의 성격도 가지고 있다. 이런 이유로 각종 부동산 규제가 존재하는 것이다.

따라서 토지를 이용할 때는 국가에서 정한 법에 의해 기준과 제한이 따른다. 기본적으로는 국토의 계획 및 이용에 관한 법률에 따라 필지별로 주거지역, 상업지역, 공업지역, 녹지지역 등의 도시지역과 관리지역, 농림지역, 자연환경보전지역 등의 비도시지역으로 구분된다. 그리고 해당 법률의 시행령과 각 지자체의 조례에 따라서 용도지역별로 건축물 규모의 상한 기준과 허용 용도 등이 정해지며, 이를 통해 한정적인 토지를 경제적이고 효율적으로 사용할 수 있도록 운영하고 있다.

그런데 신도시 건설이나 개발 계획이 세워지거나 재건축·재개발과 같은 재정비 사업이 진행되면 종상향(도시계획상 상위 용도지역으로 변경)이 이루어질 수 있다. 예를 들어서 2종 일반주거지역이 3종 일반주거지역으로 변경되면 건축물의 면적을 약 25% 더 크게 지을 수 있게 되는 것이다. 또한 주변에 지하철역이나 쇼핑몰 같은 인프라가 생기면 해당 지역의 경제적 위치가 변화할 수 있다.

반세권(반도체 클러스터 조성)으로 토지 가격이 급등한 용인시처럼 산업단지가 조성되거나 과거 혁신 도시처럼 대기업이 이전하면 단기적으로 부동산 가격에 영향을 주지만, 장기적으로도 지역 경제가 성장하고 거주민의 소득이 증가해 경제적인 위치가 달라질 수 있다.

반면에 어떤 지역이 개발제한구역이나 조정대상지역, 투기과열지구, 토지거래허가구역으로 지정되면 해당 지역의 부동산 거래에 규제가 생기고 부동산 관련 세제나 금융 제도가 강화되면서 주택 경기가 위축될 가능성이 높다. 이러한 사회적, 경제적, 행정적 위치의 변화는 대부분 정부 정책에 의해 이루어진다.

특정 지역의 실수요만으로는 주택 가격이 크게 오르거나 내리기 어렵다. 결국 주택 가격의 변동은 인구 증가에 따른 실수요자의 확대나, 거주하지 않더라도 자산가치 상승을 기대하는 투자 수요의 유입에 의해 좌우된다. 하지만 인구 감소가 본격화된 상황에서는 거주 인구 증가가 쉽지 않기 때문에 정부 주도하에만 가능하다.

투자 수요에 따른 가격 변동성은 개인이 공부해 노력하고 타이밍을 잘 맞추면 이익을 실현할 수는 있겠지만, 부동산은 워낙 매입 가격도 높고 세금도 복잡한 자산이기 때문에 자칫 잘못된 판단은 삶을 피폐하게 만들 수 있다. 하우스푸어, 영끌이, 빚투(빚내서 투자) 같은 신조어가 생긴 것도 이런 이유 때문이다. 결국 선택은 본인의 몫이지만, 부동산은 투기나 도박의 대상이 아니며, 최악의 상황에서도 감당할 수 있을 만큼만 선택해야 한다.

주택 가격의 방향키인
금리와 심리

금리가 주택시장의 보이는 방향키라고 한다면,
심리는 그 움직임을 결정짓는 숨겨진 힘이라 할 수 있다.
이러한 금리와 심리가 맞물려 부동산시장을 움직인다.

대한민국에서 주택은 개인 자산의 큰 부분을 차지한다. 특히 입지가
좋은 지역의 아파트는 고가이기 때문에 대부분의 사람들은 대출이
필수적이다. '금리'는 대출 가능 금액과 월 상환 부담에 직접적으로
영향을 미치기 때문에 일반적으로 저금리일 때 주택 구매 심리가 강
해지고 거래가 활발해진다.

　한편 '심리'는 눈에 보이지는 않지만 가장 중요한 변수다. 주택 가
격에 대한 기대감이 상승 심리를 만들고, 군중 심리는 시장 과열을
유발할 수 있다.

　금리와 심리는 상호작용하며 시장을 만들어가는데, 금리가 상승

82

할 때에도 지역적·사회적 요인이 결합되어 비이성적 상승이 일어나기도 한다. 따라서 과열된 심리에 휩쓸리기보다는 금리와 심리의 균형을 보며 신중하게 투자해야 한다.

보이는 주택 가격의 방향키는 돈의 값인 금리

대한민국 국민들의 자산 중 대부분이 부동산이라는 것은 익히 알려진 사실이다. 자산이란 '몇 개를 소유하느냐'보다 '얼마를 보유하느냐'라는 가치의 평가가 더 중요하기 때문에 주택 가격이 다른 자산에 비해 고가인 점을 고려하면 집 한 채만 있어도 전체 자산의 대부분을 차지하게 된다.

2023년 한국부동산원 주거실태조사에 따르면 특히 서울은 평범한 샐러리맨이 월급을 한 푼도 안 쓰고 13년을 넘게 모아야 중간 정도 수준의 주택을 매입할 수 있다. (2025년 2월 기준으로 주택 중위 가격은 6억 8천만 원이고, 서울 평균 근로소득은 약 4천 900만 원이다.)

그러나 월급을 한 푼도 안 쓰는 것은 불가능하다. 게다가 이제는 과거와 달리 월급 인상이 물가 상승폭을 따라잡지 못하면서 월급 400여만 원으로는 주거비, 식비, 교통비, 생활비 등을 제외하고 절반을 모으는 것도 성공적이라고 할 수 있다. 따라서 누군가의 지원을 받기 어렵고 일확천금을 얻을 기회가 없는 평범한 K직장인이 성실하게 저축만으로 서울에 내 집 마련을 한다는 것은 천신만고의 노력이 필요한 일이 되어버렸다. 또한 현금 자산을 불리는 기간 동안 서울 주택 가격은 더 빠르게 상승할 가능성이 높기 때문에 많은 사람들이 어느 정도의 현금을 모으면 일정 부분은 대출을 받아서 주택을 매입할 계획을 세우게 된다.

주택 공급자의 입장도 비슷하다. 신도시를 지정해서 주택을 공급하는 것과 재건축·재개발을 통한 주택 공급 모두 마찬가지로 토지비 및 건설에 제반된 모든 비용들을 자부담으로 사업을 하는 경우는 거의 없다. 보통 사업계획의 현금흐름과 리스크를 평가해 PF(Project Financing) 대출을 받아 건설을 시작하고 선분양을 통해 계약금, 중도금, 잔금을 받으면서 대출금을 갚아 나가게 된다.

따라서 주택시장에서 공급자와 수요자 모두에게 대출은 불가분의 관계이고 대출의 핵심은 금리다. 저금리 시기에는 주택 공급 비용의 상당 부분을 차지하는 이자 비용이 적게 들어 사업 환경이 좋아질 가능성이 높고 수요자의 입장에서도 매매, 전세 대출 이자가 낮아져 주택을 매입하기에 좋은 시기가 되는 것이다.

2019년 말부터 2024년 현재에 이르기까지의 금리 변화와 이에 따른 부동산을 포함한 자산 가격의 등락을 직·간접적으로 경험한 사람이라면 길게 설명하지 않아도 금리의 중요성은 너무나 잘 알고 있을 것이다.

주택을 매입하는 수요자의 입장에서만 생각해보자. 매입 시점의 주택담보대출 금리는 수요자에게 2가지 영향을 미친다.

첫째, 대출을 받을 수 있는 금액이 결정된다. 주택담보대출 가능 금액의 최대치는 담보가치에 대한 대출 비율인 담보인정 비율 LTV(Loan To Value ratio)로 정해지고, 대출받는 사람의 상환능력 대비 원리금상환부담을 나타내는 총부채원리금상환비율 DSR(Debt Service Ratio)에 따라서 최종 결정된다. 다시 말해서 매입하려고 하는 주택을 담보로 주택 가격에 대한 정부에서 정하는 비율만큼이 대출의 상한선이 되지만, 모든 사람이 그만큼 빌릴 수 있는 것이 아니라 매월 대출금을 갚을 수 있는 능력이 되는지를 DSR로 계산해서 결정하게 되는 것이다. DSR은 차주가 보유한 모든 대출의 연간 원리금상환액을 연간 소득으로 나누어 산출한다. 2024년 기준으로는 DSR 40%를 넘지 않는 범위 내에서 추가 주택담보대출이 가능한데 신규 대출을 계산할 때도 대출 상환 기간, 금리 등을 적용해 산정한다. 결국 DSR은 차주의 연소득, 기존 부채, 금리에 따라서 달라지며 소득과 기존 부채가 크게 변동이 없는 상황에서는 금리의 수준이 가능 대출 금액에 영향을 주게 된다.

둘째, 적용받는 주택담보대출 금리에 따라서 매월 원리금상환액 부담이 크게 달라질 수 있다. 예를 들어서 3억 원을 30년 만기로 대출받는다고 했을 때 금리 3%를 적용하면 월 약 126만 4,812원의 원리금상환액을 부담하게 된다. 그런데 금리가 5%라면 원리금상환액은 161만 465원으로, 7%라면 199만 5,907원으로 달라진다. 한 달에 대출금 상환액이 몇십만 원씩 높아지면 부담일 수밖에 없다.

2023년 5월에 금융연구원이 발표한 '금리상승에 따른 차주의 이자상환 부담과 소비의 변화'라는 보고서에 따르면, 금리가 1% 포인트 인상될 때 대출자의 DSR은 평균 1.94% 상승하고 소비는 0.49% 감소한다고 한다. DSR이 1% 포인트 오른다는 것은 원리금을 갚기 위해 연 소득의 1%를 더 써야 한다는 뜻이다. 그리고 통상 금리가 오르면 이자 부담도 커지지만 예금 금리도 인상되기 때문에 저축을 많이 하게 되면서 민간소비는 감소하는 경향이 있다.

이렇듯 차주의 대출 가능 금액과 매월 갚아야 하는 원리금상환액 부담에 많은 영향을 주는 금리는 주택시장에서 매우 민감한 요인이 될 수밖에 없다. 대출받을 수 있는 금액이 적어지고 부담은 높아지는 고금리 시기에는 매입 수요가 감소하고 이에 따라 거래량과 주택 가격 상승률은 낮아질 것이고, 반대로 저금리 시기에는 수요가 늘면서 거래량과 가격 모두 높아지게 되어 금리와 주택 가격 상승률은 반비례의 곡선을 보이는 것이 상식적일 것이다.

그런데 2006년부터 지금까지 금리(기준금리 및 주택담보대출금리)와 주택 가격의 추이를 보면 시장은 상식적으로만 움직이지는 않는다는 것을 알 수 있다. 예를 들어서 2006년 11월 서울 아파트 가격은 한 달 새 5.9%나 오르는데 기준금리는 4.5%(2006년 8월~2007년 6월)로 전월과 동일했고, 신규 주택담보대출금리 역시 5.69%로 전월과

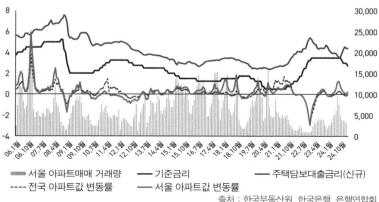

● 금리와 서울 아파트 매매가격 변동률 및 거래량 추이 ●

(단위 : %, 호)

■■■ 서울 아파트매매 거래량　　　━━ 기준금리　　　━━ 주택담보대출금리(신규)
---- 전국 아파트값 변동률　　　━━ 서울 아파트값 변동률

출처 : 한국부동산원, 한국은행, 은행연합회

같았다. 2008년의 상황도 한번 살펴보자. 1월부터 9월까지 기준금리는 5% 이상을 유지하고 있고, 신규 주택담보대출금리는 7% 전후의 고금리를 형성하고 있는데 동 기간 서울 아파트 가격은 한 번도 하락하지 않고 누적 약 10% 상승이라는 높은 상승률을 보인다. 반면 급격한 금리 등락을 겪은 2019년 12월 이후의 추이를 보면 금리, 특히 주택담보대출금리와 아파트 매매 거래량 및 변동률은 거의 완벽하게 반비례하고 있음을 볼 수 있다.

　주택을 매입 또는 매각하기로 결정할 때는 많은 요인이 영향을 미치지만 금리란 각 개인에게 매우 와닿는 현실적인 부분임에도 불구하고 왜 때에 따라서 다른 결정들을 할까? 그때는 틀리고 지금은 맞는 것일까, 아니면 주택시장 참여자들이 그저 변덕스럽기 때문일까?

그 이유 중 하나는 가장 치열하게 분석하고 합리적으로 판단해야 한다고 여겨지는 '내 집 마련', 즉 개인에게 가장 고가일 수 있는 주택이라는 자산을 매입하는 결정도 결국 사람 마음에 따라 내려지는 것이기 때문이다. 지금까지 주택은 시간이 지나면 우상향했기 때문에 "부동산 불패, 결국은 부동산"이라는 과거의 데이터도 한몫했을 것이다.

보이지 않는 주택 가격의 방향키는 사람들의 심리

"모두가 탐욕스러울 때 두려워하고, 모두가 두려워할 때 탐욕스러워져라"라는 워런 버핏의 말은 투자세계의 진리다. 주택시장 또한 수요와 공급의 법칙이나 경제 성장률, 금리, 정부 정책 등 수많은 변수에 영향을 받지만 가장 중요한 것은 사람들의 심리다. 심리적인 요인의 힘은 생각보다 크고, 한 사람이 아닌 여러 사람의 심리가 모이면 모일수록 더 큰 힘을 발휘해 가격을 우상향 또는 하향으로 전환시킬 수도 있는 파괴력을 갖는다.

'기대 심리'는 현재의 행동을 크게 좌우하면서 가격의 방향성을 달리할 수 있다. 예를 들어서 주택 매매 시장이 안정적인 상황에서 전세 수요가 늘어나자 누군가가 "전세가격이 계속 상승하고 있기 때문에 앞으로 주택 매매가격은 올라갈 거야. 그러니까 지금 주택을 사야 해"라고 말했다고 가정하자. 이 말이 커뮤니티를 통해 퍼지면서 주택 가격 상승 기대감으로 바뀌고, 점점 더 많은 사람들에게 그 기대 심리가 옮겨가서 주택을 구매하기 시작한다면 어떻게 될까? 수요가 증가하고 거래가 늘면서 실제 주택 가격이 상승하는 현상이 나타나게 될 것이다. 이처럼 기대 심리란 시장의 방향성을 상승시키는 역할을 할 수 있다.

반대로 동일한 상황에서 누군가가 "부동산은 이제 끝났어. 우리나라도 일본처럼 될 텐데 누가 더 이상 주택을 매입하겠어. 지금이라도 집을 팔고 전세를 살아야 해"라고 말을 한다면 가격 하락에 대한 기대 심리가 생긴다. 마찬가지로 이것이 확산되면 매각을 서두르기 위해서 저가 매물이 쌓이고, 공급 증가와 수요 감소가 동시에 발생하면서 가격 하락이 가속화될 수 있다. 내릴 것이라는 기대 심리가 가격 하락이라는 방향성을 가져오게 되는 것이다.

'군중 심리'는 때로는 거품 가격을 형성하면서 비이성적인 결정을 하게 만들기도 한다. 과거의 사례를 보면 사람들이 군중 심리에 사로잡혔을 때 '지금 사지 않으면 뒤처진다'는 불안감으로 가격이 실제 해당 주택의 가치보다 훨씬 높은 수준까지 오르고 본인이 그것을 감당할 능력이 되지 않음에도 매입을 결정하곤 한다. 주택시장이 이른바 광풍에 휩싸여 있을 때는 그 광풍 안의 사람은 객관적인 판단이 힘들어지고 심리가 시장을 지배하는 경우가 생기는 것이다.

예를 들어서 서울 외곽 지역에 서울 도심으로 한 번에 갈 수 있는 광역 열차 정차역이 생길 것이라는 교통 호재가 발표되었다고 가정해보자. 주택 가격이 서울 도심지 아파트 수준으로 상승할 것이라는 군중 심리가 형성되면 주택 소유자들은 매물을 거둬들이거나 호가를 높일 것이고 호가가 거래되기 시작하면서 주택의 가격 상승은 현실이 된다. 금리가 이전과 동일하거나 다소 높아졌다고 하더라도 이지역에 한해서는 이자 부담보다 집값이 훨씬 더 상승할 것이라는 믿음이 있기 때문에 더 이상 금리는 중요하지 않게 된다.

군중 심리로 인한 가격 거품은 결국 터지기 마련이다. 이때 발생하는 가격 급락은 경제 전반에 큰 충격을 주며, 많은 사람들에게 재정적 어려움을 안겨준다. 따라서 부동산시장에서는 군중 심리에 휩쓸리지 않고, 냉철한 판단을 유지하는 것이 매우 중요하다.

금리와 심리의 상호작용이 매우 중요하다

금리는 부동산시장의 심리에 직접적인 영향을 미치는 중요한 경제 변수 중 하나다. 금리가 낮아지면 대출 비용이 줄어들어 주택 구매 심리가 강해진다. 반면 금리가 오르면 대출 이자가 증가해 주택 구매에 대한 부담이 커지면서 심리가 위축될 수 있다. 흥미로운 점은 금리 인상이나 인하의 기대 자체가 심리에 큰 영향을 미친다는 것이다. 금리 인상이 예고되면, 사람들은 더 높은 이자를 부담하기 전에 집을 사야 한다고 생각해 구매를 서두를 수 있다. 반대로 금리 인하가 예상되면 대출 이자가 낮아지기를 기다리며 구매를 미루는 경향이 나타나기도 한다.

심리는 지역마다 다르게 나타날 수 있다. 동일한 대한민국 안에서도 수도권과 비수도권의 부동산 심리는 큰 차이를 보일 수 있다. 인구 구조의 변화에 따라 이런 현상은 더욱 강하게 나타날 것이다. 예를 들어서 수도권에서는 인구가 점점 밀집되고 높은 수요로 인해서 심리가 더 빨리 과열될 수 있고 가격의 등락폭도 크지만, 비수도권에서는 수요에 비해서 공급이 넉넉하기 때문에 심리적인 안정감이 유지될 수 있다.

주식시장을 보면 알 수 있듯이 사람들의 관심이 집중되고 투자 가치가 있는 주식은 등락이 크고, 그렇지 않은 주식은 외부 요인에 큰 영향을 받지 않고 안정적인 흐름을 유지한다. 부동산시장에 있어서도 유사하다. 인구구조의 변화에 따라 지역적인 차이를 이해하는 것은 주택시장 공급자와 수요자 모두에게 중요하다. 심리적인 요인들이 어떻게 작용하는지를 파악함으로써 더 나은 결정을 내릴 수 있고 불필요한 리스크를 피할 수 있을 것이다.

부동산시장에서 금리가 매우 중요하지만 심리 또한 시장을 움직이는 핵심 동력이다. 금리와 결합된 심리는 주택 가격을 크게 변화시킬 수 있으며, 연동되지 않은 심리는 비이성적인 움직임을 유발하기도 할 것이다. 금리는 주택 담보 대출의 비용을 결정하고, 심리는 시장에 대한 신뢰 또는 불신, 상승 또는 하락의 기대를 반영한다. 따라서 금리와 심리, 두 요소는 상호작용하며 주택 가격의 변동을 이끄는 핵심 요인으로 작용한다.

앞에서 세계적인 투자전문가인 워런 버핏의 "모두가 탐욕스러울 때 두려워하고 모두가 두려워할 때 탐욕스러워지라"는 조언을 소개했다. 주택시장에서 친구 따라 강남 가듯 이유 없이 과열되는 시장에 뒤처지지 않고 싶은 마음으로 급한 결정을 하기보다는 오히려 시장이 안정적일 때 기회를 찾는 자세도 필요할 것 같다.

하우스푸어와 영끌이의
결정적인 차이점

하우스푸어와 영끌족의 운명은 긍정적이기 힘들다.
감당할 수 있는 한도를 넘는 선택은 내 집 마련의 꿈이
족쇄로 변하는 순간을 맞이하는 위험을 초래한다.

하우스푸어와 영끌족은 내 집 마련을 위해 과도한 대출을 받아 고점
에 주택을 매입한 후 경제적 부담과 가격 하락으로 고통받는 주택
보유자들이다. 하우스푸어는 2010년대 초반 금융위기와 보금자리
주택 공급 확대로 주택 가격이 하락하며 형성되었고, 영끌족은 2020
년 이후 저금리와 주택 가격 상승의 영향으로 2030세대 사이에서
등장했다.

이들은 집을 통해 자산을 증식하고자 했지만, 경제 상황과 금리
변화에 따라 주거비 부담을 안고 살아가며 가치 하락의 위험에 처해
있다. 무리한 부채는 장기적으로 개인과 가정의 삶을 위태롭게 할

수 있음을 명심해야 한다. 주택 구입 결정을 내릴 때 감당 가능한 범위 내에서 신중하게 접근해야 한다.

부동산 관련 신조어인 하우스푸어와 영끌족을 아시나요?

부동산과 관련된 신조어를 떠올려보면 유난히 끔찍한 단어들이 많다. 이생집망(이번 생에 집 사기는 망했다), 리터루족(리턴+캥거루족, 주거비용을 감당하지 못해서 부모의 집과 합치는 사람), 부동산카스트(무주택자, 6억 원 미만, 9억 원 이상, 15억 원 초과 등으로 구별해서 정책을 펼쳤을 때 아파트 가격에 따른 부동산 계급사회라는 뜻), 휴거지(공공임대아파트에 사는 거지), 호텔거지(호텔을 개조한 임대주택에 거주하게 될 사람들을 낮춰 부르는 말) 등 처음 들었을 때 잘못 들은 것이 아닌가 착각할 정도였다.

언어는 한 사회를 이루는 구성원들 간에 원활한 의사소통을 위한 가장 중요한 매개체이면서 그 사회를 반영하는 것이다. 따라서 유행하는 신조어는 한 시대의 철학이나 사상, 문화, 사람들의 심리와 갈등을 함축적으로 반영하고 있다. 특히 최근처럼 신조어가 빈번한 것은 그만큼 시대의 트렌드가 빨리 변한다는 것을 반증하는 것이다. 그런 관점에서 위와 같은 신조어는 대한민국 부동산시장이 얼마나 불안하고 왜곡되었는지, 그리고 내 집 마련이 얼마나 절실한지를 반증하는 자학적인 표현이라고 할 수 있다.

많은 부동산 관련 신조어 중에서 대표적으로 많이 쓰이는 단어는 하우스푸어(집을 보유한 가난한 사람)와 영끌족(영혼까지 끌어모아 빚을 내 집을 산 사람)이 아닐까 한다. 하우스푸어가 집은 있지만 가난한 중산층을 풍자한 말이라면, 영끌족은 집을 반드시 사야 한다는 패닉에 사로잡혀 현금과 대출을 영혼까지 끌어모아서 매입한 주로 2030의 젊은 세대를 지칭한다.

영혼이 무엇인가? 기독교에서는 사람이 영혼을 가진 존재로 창조되었고, 육체는 죽어도 영혼은 천국에서 영원한 삶을 살아간다고 믿는다. 한국의 전통 무속신앙에서도 영혼의 존재는 중요하다. 죽은 조상들에게 제사를 지내 감사를 표하고, 조상들은 후손들에게 복을 베푸는 상호적인 영적 교류가 이루어진다고 믿었다.

어쩌면 육체보다 더 중요한 영혼까지 끌어모은 현금 자산과 받을 수 있는 모든 대출을 더해서 집을 산다니 얼마나 간절하고 대담한 결정인지 짐작이 된다.

주택시장에서 수요자를 크게 구분하면 무주택자, 1주택자, 다주택자로 말할 수 있다. 더러는 주택을 매입할 생각이 전혀 없는 무주택자도 있지만 대한민국의 많은 사람들은 내 집 마련을 꿈꾼다. 특히 대도시일수록 전세나 월세로 거주하게 되면 계약 만료 시점에 시세가 어떻게 변해 있을지 불투명하고, 집을 알아보는 것이나 이사하는 것 모두 보통 일이 아니기 때문에 거주에 대한 안정성을 확보하고 싫어 하는 것이 대부분의 사람 마음이다.

그런 관점에서는 하우스푸어나 영끌족 모두 내 집 마련 꿈을 이룬 유주택자다. 치열한 주택시장에서 집을 샀다는 것을 축하해줘야 마땅한 일이지 조롱 섞인 신조어로 손가락질받을 일은 아니다. 그런데도 이런 수모를 겪는 이유는 무엇일까? 하우스푸어와 영끌족의 공통점은 주택 가격이 고점일 때 감당하기 어려울 만큼의 부채를 안고 매입했는데, 이후 경제 불황이 시작되면서 대출 상환에 대한 어려움은 물론 주택 가격 하락의 고통을 겪고 있다는 것이다. 앞에서 살펴봤듯이 금리가 높은 시기에도 주택 가격이 상승하는 이유는 이자 부담이 있더라도 감당할 이자보다 주택 가격이 더 크게 오를 것이라는 믿음 때문이다.

따라서 하우스푸어와 영끌족은 시기와 대상의 차이는 있지만, 내 집 마련 후에 원리금상환에 대한 부담을 갖고 버티면서 내가 매입한 금액보다 시세가 계속 낮아지는 경제적인 어려움과 잘못된 선택을 했다는 후회와 스스로에 대한 분노를 참는 세월을 보내야만 한다는 공통점이 있다.

열심히 살면서 모은 자산으로 편안하게 먹고 자고 화목하게 지낼 가족들만의 보금자리를 마련하는 것이 내 집 마련이다. 그런데 지역별, 아파트 브랜드별로 보이지 않는 계급이 나눠지면서 무리하는 사람들이 생겨나고 하우스푸어, 영끌족과 같은 자극적인 신조어가 만들어지는 것이 우리 사회의 씁쓸한 단상이다.

2010년에 시작된
하우스푸어의 종착

하우스푸어는 House와 Poor의 합성어로 '집을 보유한 가난한 사람'을 뜻한다. 주택 가격이 크게 상승할 때 과도한 대출을 활용해 매입했지만, 이후 주택 가격 하락과 금리 인상으로 자산가치는 하락하고 이자 부담은 높은 이중고에 처해 있는 사람을 뜻한다.

통계를 보면 주택 가격은 2012년에 크게 하락한 후 완만한 추세를 보이다가 서울은 2017년, 전국적으로는 2019년부터 상승하기 시작한다. 지역별로 차이는 있지만 하우스푸어의 고통은 주택 가격이 상승세로 완전히 돌아서는 2017년 이후까지 지속된 것이다.

예를 들면 자기 자본 2억 5천만 원과 주택담보대출 2억 5천만 원을 이용해서 시세 5억 원의 주택을 매입했는데, 아파트 가격이 3억

● 주택 매매가격 변동률과 주택담보대출 ●　　(단위 : %, 십억 원)

출처 : 한국부동산원, R114

원으로 떨어지는 상황이 장기화된 것이다. 이 경우 주택을 매입하기 위해 모은 전 재산 2억 5천만 원 중 2억 원이 사라지고 나머지 5천만 원과 대출금 2억 5천만 원 남은 상황을 적어도 5년 이상 마주하게 되는 것이다.

2010년 초반에 무슨 일이 있었기에 주택 가격이 급락하고 침체기가 장기화되었을까? 2008년 미국의 서브프라임 모기지 사태에서 시작되어 전 세계로 확산된 금융위기를 기억할 것이다. 수출주도형 경제 구조를 가지고 있는 대한민국은 글로벌 수요 감소와 금융 시장의 혼란이 그대로 영향을 미쳐 주가는 급락하고 원화 가치도 큰 폭으로 하락했다. 금융 기관들은 유동성 부족으로 어려움을 겪게 되고, 기업들도 자금 조달이 힘들어지면서 경제 성장률 하락, 실업률 증가, 자산가치 하락 등과 함께 경제 불안은 극도에 달했다.

당시 정부는 금융위기에 대응하기 위한 신속한 조치를 취했는데, 기준금리를 인하해 시중에 유동성을 공급하고 다양한 금융 지원책을 발표했다. 또한 대규모 경기 부양책을 발표하면서 인프라 투자 확대, 중소기업 지원, 일자리 창출 프로그램 등의 지원으로 급격한 경제 침체를 막고, 신속한 회복의 기반을 마련하는 데 기여했다.

하필 금융위기 직전인 2004년부터 2008년까지 주택 가격이 급등했었는데, 이때 주택을 매입했던 사람은 금융위기 후 주택 가격 폭락과 대출 원리금상환의 어려움을 겪으면서 하우스푸어로 전락하게 된 것이다.

게다가 금융위기의 여파 속에서 경제 회복과 주거 안정을 위해 정부가 적극적으로 추진한 정책 중 하나인 주택 공급이 화상첨유가 되었는데 대표적인 것이 보금자리 주택이다.

보금자리 주택은 2009년부터 2012년 말까지 4년간 총 54만 가구가 사업 시행 인가를 받고 공급을 추진하게 되는데 공공 분양 물량이 늘어나면서 부동산시장 전반에 영향을 주었다.

건설 경기 활성화와 주거에 대한 불안 및 사회적 불안을 해소하기 위해 시행된 보금자리 주택은 공공택지에 공급되기 때문에 조성 원가(토지비 및 건축비) 자체가 매우 저렴하다. 게다가 서울 주변 지역의 그린벨트 해제를 통해 토지를 확보했기 때문에 신도시보다 입지가 우수해 그야말로 '싸고 좋은' 주택이었다.

보금자리 주택의 인기가 매우 높아지면서 이와 경쟁해야 하는 일반 분양 성적표는 매우 처참했고, 구축들의 가격도 하락할 수밖에 없었다. 이에 대한 해결책으로 미분양 아파트 할인 분양, 하우스푸어 대출 금리 저감 등의 여러가지 정책들이 논의되었으나, 대안 마련은 쉽지 않았고 결국에는 경기가 살아나고 주택시장이 회복되면서 하우스푸어 문제도 해결되었다고 볼 수 있다. 그러나 하우스푸어를 단순히 과거의 문제로만 치부할 것이 아니라 어떻게 하면 향후에 이런 현상이 반복되지 않도록 예방할 수 있는지에 대한 중요한 교훈을 제공하는 사례로 보는 것이 적절할 것이다.

주택 가격의 상승이나 하락은 보통 서울에서, 서울 안에서는 강남

등 가장 인기가 많은 지역을 중심으로 시작된다. 그 이후 상황에 따라서 수도권 외곽과 지방으로까지 확산되기도 하지만, 하락기를 지나고 회복기에 들어설 때의 속도는 중심지와 그렇지 않은 지역의 차이가 매우 크다. 입지가 우수할수록 주택 가격이 상대적으로 높고, 그것을 매입할 수 있는 수요자들도 상대적으로 자산이 많은 사람들로 제한되기 때문에 거시 경제가 어려워지거나 고금리 시기가 오더라도 영향을 덜 받게 되면서 회복 속도가 빠를 수 있다.

그러나 취약 지역일수록 과거의 무리한 대출이 발목을 잡으면서 오랜 기간 침체기를 견뎌야 한다. 설상가상으로 하우스푸어의 사례처럼 그런 시기에 대체할 수 있는 아파트 공급 물량이 많게 되면 미분양이 누적되고 주택 가격 하락폭이 더 커지면서 하우스푸어의 고통은 타 지역보다 더 커지고 장기화될 수 있다.

사람이 알지 못하는 것은 미래의 일들이다. 하우스푸어라는 조롱 섞인 신조어로 지칭되었던 그들은 2017년 이후 주택 가격이 상승하고 2021년까지의 급등기를 거친 후 하우스리치가 되었고 집 없는 중산층은 벼락거지라는 신조어를 탄생시켰다.

그러나 2022년 하반기부터 전국적으로 주택 가격이 급락하면서 급등기의 마지막 시기에 고점으로 집을 매입한 영끌족들의 고통이 시작되었다. 인생지사 부동산만사 새옹지마다.

2020년 영끌족의 탄생은 전형적인 패닉바잉이다

영혼까지 끌어모아서라도 집을 사야 한다. 과거에는 결혼을 하거나 아이를 낳는 등 인생의 빅 이벤트 시점에 부동산에 대한 고민을 하는 것이 일반적이었다. 따라서 부동산 상담의 대상 고객은 적어도 40대 이상이고 보통은 50대 후반 이상이 대부분이었는데, 2020년 이후로는 상황이 굉장히 달라졌음을 느낀다.

늦었다고 생각할 때가 가장 빠른 때다, 지금이라도 집을 사지 못하면 평생 렌트푸어로 살아야 한다는 심리가 확산되면서 막강한 정보력을 가진 2030세대들이 부동산시장에 등장하게 된 것이다. 부동산에 관심이 많은 2030세대들은 언론매체와 유튜브, 스터디 카페와 오픈 채팅방 등 가리지 않고 주택시장을 공부하고 공식화해 기성세대와는 다른 정보력과 기동성으로 무장한 적극적인 시장 참여자가 된다. 다른 직업 없이 주식 투자만을 전문으로 하는 사람들처럼 부동산 투자만 전문적으로 하는 청년들도 생겼다. 과거 '중년고시'라고 불렸던 공인중개사 시험을 준비하는 젊은 층도 늘어나서 2019년 공인중개사 시험을 본 2030세대가 12만 명이었는데 2021년도에는 약 16만 명으로 늘면서 전체 응시자의 40%를 차지했다.

부동산시장에 영향을 미치는 요인이 광범위하기 때문에 무작정 매입하는 것보다 이렇게 공부를 해서 사기와 손해를 최소화하면서 빨리 내 집 마련을 하는 것은 매우 바람직하다. 그러나 문제는 2017년부터 5년 이상 전국의 모든 주택 유형, 심지어 법적으로 숙박시설이기 때문에 주거가 불법이고 전입신고도 불가능한 생활형숙박시설까지 모두 가격이 상승하면서 시작된다. 아예 관심이 없는 사람이면 그렇지 않겠지만 공부하면서 대기 수요자로 관망을 하던 사람들은 패닉에 빠지기 시작한다. 여기저기서 '자고 일어나면 수천만 원, 수억 원씩 가격이 올랐다'는 뉴스가 연일 보도되고, 밥 먹을 때나 대중교통을 이용할 때도 부동산 얘기가 빠지지 않는다. '뭐라도 사야지 뒤처지지 않고 더 나아가서는 인생 실패자가 되지 않는다'는 신념으로, '옥석을 가리기보다는 살 수 있는 주택들 중에서 공식에 가장 맞는 주택을 최대한 빨리 사는 것이 더 중요하다'는 새로운 투자 원칙이 생겨난 것이다.

이것은 전형적인 패닉바잉이다. 앞으로도 계속 집값이 올라갈 것 같은 공포 심리에 집을 사는 것이다.

2017년부터 본격적으로 주택 가격이 상승했으나, 강력한 정부의 투기 수요 강화 정책으로 대출이 어려워졌고, 심지어 15억 원을 초과하는 아파트는 이유를 불문하고 무조건 대출이 금지되는 정책이 시행되기도 했다. 보유한 현금 자산 여력이 상대적으로 많지 않은 2030세대들은 부동산 광풍에 공포감을 느끼고 영혼까지 끌어모아 마련한 자금으로 주택을 매입하기 시작해서 2021년에는 서울 아파트 매매 계약의 42%가 2030세대에 의해 거래되기도 했다.

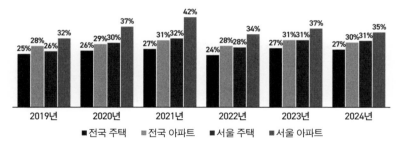

● 연도별 2030세대 주택 및 아파트 매입 비중 ●

■전국 주택 ■전국 아파트 ■서울 주택 ■서울 아파트

주택시장에서 영끌족이라는 신조어가 생기기 시작한 것은 2018년부터인데 그 전까지 자주 언급되었던 하우스푸어를 대신한 용어로 영끌이라는 단어가 쓰인다. 당시 여기에 대치되는 신조어로 벼락거지가 있었다. 주택을 매입하기 위해 관망하다가 주저하는 사이에 영끌족으로 전환하지 못하고 주택 가격은 폭등해서 더 이상은 영끌을 해도 주택을 마련하지 못해 갑자기 거지가 되었다는 상대적 박탈감의 표현을 나타낸다.

2017년 초반만 하더라도 조롱 섞인 시선이 담긴 신조어였다면 불과 1년 만에 하우스푸어와 영끌족은 부러움의 대상이 되었다. 집만 있는 가난한 사람이 벼락부자로 변한 것이다.

부동산에 투자하면 빠르게 자산의 증식이 있을 것이라고 믿고 본인의 능력보다 무리한 대출을 받아 주택을 매입한 것이 영끌족이고, 그 후 금리가 오르고 경제가 어려워지면서 주택 가격이 떨어지면 하우스푸어가 되는 것이다. 결국 두 단어는 대동소이한데 주택의 자산 가치가 급등하는 시기에는 잘 한 선택, 부러움의 대상이 되고, 반대의 상황에서는 풍자의 대상이 된다.

그런데 하우스푸어가 주로 4050세대의 자영업자로 구성된 중산층 비중이 높았다면 영끌족은 2030세대의 평범한 회사원들이 많다는 점과, 변화된 금융 정책을 고려했을 때 금리가 오르고 주택 가격이 떨어지면 하우스푸어보다 영끌족이 훨씬 더 어려운 상황에 직면할 수 있다.

사회초년생인 2030세대가 영끌을 했다는 것은 자산 대비 부채 비중이 상당히 높다는 것이다. 주택 가격 폭등 전후로 막차에 탑승한 2030세대는 38만 명으로 47조 원의 대출을 받은 것으로 예상된다. 주택 가격은 다양한 외부적인 요인에 의해서 영향을 받고 변동성이 크기 때문에 예상하지 못한 경제 위기가 닥쳤을 때 가장 치명적인 위험에 빠지는 것은 영끌족, 빚투족인 2030세대일 수밖에 없다.

또한 과거와는 달리 금융 정책이 강화되어 차주별 DSR이 적용되는 만큼 어려운 시기를 추가적인 대출을 받아서 버티는 것도 불가능하다. 그렇기 때문에 원리금상환이 불가능해지면 제2, 3금융권을 통한 자금 조달을 하거나 자산을 매입 가격보다 늦게 급매로 매각을 해서 추가적인 이자 비용 부담이라도 줄이는 방법밖에는 없다.

프랑스 소설가 기 드 모파상의 단편작 『목걸이』라는 작품은 허구를 좇는 비극적인 삶을 다룬다. 가난한 공무원의 아내인 주인공 마틸드는 장관이 주최하는 무도회에 참석하기 위해서 친구에게 화려한 목걸이를 빌려갔다가 그만 잃어버리고 만다. 절망에 빠진 마틸드는 큰 빚을 지고 목걸이를 사서 돌려준 후 십 년이 넘는 시간 동안 빚을 갚기 위해서 극도의 가난과 고통 속에서 살아간다. 마침내 빚을 다 갚은 후 우연히 만난 친구에게서 잃어버린 목걸이는 모조품이었다는 사실을 듣게 된다. 잘못된 선택으로 다시는 돌아오지 않을 십 년이란 긴 세월을 낭비해버린 것이다.

자본주의 시대에 자본이라는 것은 너무나 중요하다. 그런데 현금으로 환원되지 않은 부동산, 선박, 기계, 그림 등의 실물 자산의 가치란 너무나 변동성이 크다. 영국의 경제학자 조앤 로빈슨은 "자본이라는 이름은 난무하지만, 진짜 자본은 없다"라며 자본의 허구성을 지적하기도 했다.

막 사회에 첫 발을 뗀 2030세대는 우리의 미래 세대이고 머지 않아 우리 사회의 대표 세대가 될 것이다. 남들보다 빠른 내 집 마련을 통해서 안정된 삶의 기초를 세우는 것도 중요하지만, 더 중요하게 고려할 것은 그것이 내가 감당할 만한 능력의 범위 안에 있느냐다.

주택 가격이 매입했을 때보다 낮아져서 장기간 그 사실을 마주해야 하는 것도 물론 고통스럽겠지만, 과도한 부채가 동반되지 않았다면 그래도 살 만하다. 그러나 시기를 막론하고 영끌을 해서 주택에 올인한다는 것은 매우 다른 이야기다. 어떤 방식으로 선택을 했던지 간에 그것을 책임져야 하는 것은 자기 자신임을 명심해야 한다.

대한민국은 전 세계적으로 유례가 없을 정도의 빠른 인구 감소 시대를 겪고 있다. 그러나 수도권과 지방에서 느끼는 인구 감소나 이에 따른 고령화에 대한 체감은 다를 것이다. 또한 인구 자체가 이동하지 않더라도 눈에 보이지 않는 자산, 자본의 이동 속도는 더욱 빨라서 지방에 거주하는 사람들도 서울과 수도권에 아파트 쇼핑을 오는 시대가 되었다.

주택의 향후 가치라는 것은 누구도 정확하게 전망할 수 있는 영역이 아니기 때문에 무리한 영끌이나 빚투로 주택에 올인했다가 모파상의 『목걸이』 속 주인공과 같이 다시는 돌아오지 않을 청춘을 허비하지 않기를 바란다.

PART 3

수도권과
비수도권의
심각한 양극화

우리는 빠른 경제성장을 이룬 만큼 사회 각 분야에서 양극화도 깊어지고 있다. 자산 양극화는 거주 지역과 주택의 소유 여부에 따라 큰 차이를 가져오면서 다시 인구와 자산이 서울로 집중되는 현상을 가속화시킨다. 2023년 합계출산율 0.65명을 기록한 대한민국의 인구 감소 속도는 전 세계에서 주목할 정도로 빠르다. 저출생의 원인으로 높은 주거비, 사교육비, 양육비 등으로 인한 경제적 부담과 일과 가정 양립의 어려움이 지목된다. 이러한 부담이 더 큰 수도권으로 인구가 집중되면 출생률 감소와 인구 감소 속도는 더 빨라지면서 악순환이 반복될 것이다. 이런 고리를 끊을 수 있는 골든 타임이 바로 지금이다.

양극화를 빼고는
논할 수 없는 시대

대한민국은 경제적으로 급성장했지만 양극화 문제가 심각하다.
부동산시장에서도 부동산의 위치와 타이밍에 따라
자산 증식 속도가 달라지며, 이로 인해 불평등이 심화되고 있다.

한국은 빠른 경제 성장을 이뤄냈지만 그 속도만큼이나 양극화도 깊어지고 있다. 부동산을 포함한 자산 양극화는 주거 지역과 소유 여부에 따라 자산 증식에 큰 차이를 가져오며, 그로 인해 개인 간 소득 격차가 점점 고착화된다. 대한민국의 행복지수는 경제 규모에 비해 낮은 수준이며, 청년층은 미래에 대한 불안으로 행복감이 줄고 있다.

특히 부동산시장에서 주택 매입 시기와 위치에 따라 자산 증식이 극명하게 차이가 나면서 소득과 자산 격차는 더욱 벌어지고, 이를 따라잡기 어려운 구조가 되고 있다. 경제 성장의 기회를 잃을 수 있는 상황인 만큼 양극화 완화 정책이 절실히 필요한 때다.

빠른 부의 성장 뒤엔
출구 없는 양극화

다른 선진국들이 한 세기 이상 걸려서 이룬 경제 성장을 대한민국은 지난 약 50여 년의 짧은 기간 동안 기적처럼 해냈다. 2021년 7월에는 유엔무역개발회의(UNCTAD)로부터 공식적으로 선진국 지위를 인정받았고, 전 세계 어디를 가나 한류 열풍이 뜨거울 정도로 글로벌 문화를 선도하고 있으며, 2023년 국내총생산은 1조 6,732억 달러로 인구 5천여만 명의 작은 국가임에도 전 세계 13위를 차지했다.

너무 빠른 경제 성장이 부작용을 초래한 것일까? 성장의 속도만큼 정치, 경제, 고용, 교육 등 사회 전반에서 개인 간 소득, 주거, 교육 수준, 의료, 정보 등의 격차가 점점 커지고 있다.

더욱이 최근에는 언론 매체와 그보다 빠르고 자극적인 SNS의 발달로 인해 이러한 격차가 누구에게나 쉽게 드러나고 있다. '모르는 게 약'이라는 말처럼 모를 때는 괜찮았지만 알고 나면 양극화 문제는 남의 일이 아닌, 바로 내 문제가 된다.

과거에는 가난했지만 평등했다. 지금은 세계 경제 대국으로 자리 잡았으나, 불평등은 그 어느 때보다 심각하다. 중산층이 점점 줄어들고 세대, 계층, 지역, 성별 간의 양극화가 심화되면서 사회적 위화감이 커지고 있다. 이러한 현상은 사회 통합을 저해하고, 한 방향으로 나아가야 할 사회 발전에도 장애가 된다. 특히 자본주의 사회의 핵심이라 할 수 있는 경제적 불평등은 교육, 취업, 정보, 의료 등 여러 분야로 확산되며 계층을 나누고, 이러한 불평등이 세습되면서 그 격차는 더욱 커지고 있다.

매년 3월 20일은 UN이 지정한 '국제 행복의 날(International Day of Happiness)'이다. 2012년에 '행복은 인간의 목적'이라는 정의에 따라 제정된 이 날을 기념해, UN 산하 자문 기구인 UN 지속가능발전해법네트워크(UN SDSN)는 매년 '세계행복보고서(World Happiness Report)'를 발표한다.

이 보고서는 150여 개국에서 각계각층의 천여 명을 대상으로 한 여론조사를 통해, 삶의 만족도를 6가지 항목으로 평가한다. 이 항목들은 1인당 GDP(경제력), 사회적 지원(인간관계), 기대 수명(건강), 사회적 자유(선택의 자유), 관용(봉사, 기부, 정신적 건강), 부패에 대한 인식(사회 안정성)으로, 삶의 전반적인 균형이 충족되고 있는지에 대한 핵심적인 평가 요소들로 구성되어 있다.

2024년 세계행복보고서에는 연령별 행복도 연구가 함께 발표되었는데 대부분의 국가에서 30세 이전의 젊은 세대가 가장 행복한 것으로 나타났다. 그러나 2010년 이후로 15~24세 청년층의 행복도는 감소하는 추세이며, 특히 미국, 캐나다, 호주 등에서 청년층의 행복도가 노년층보다 낮게 나타났다.

이전 연구에서는 20대부터 행복도가 하락해 40대 중후반에 저점을 찍고, 50대 이후에 다시 회복되는 U자형 곡선이 그려졌다. 그런

● OECD 국가별 세계 행복지수 순위(2023vs.2024) ●

국가	순위		국가	순위		국가	순위	
	2023	2024		2023	2024		2023	2024
핀란드	1	1	캐나다	13	14	스페인	26	27
덴마크	2	2	벨기에	17	15	칠레	28	28
아이슬란드	3	3	아일랜드	14	16	이탈리아	27	29
스웨덴	6	4	체코	18	17	슬로바키아	24	30
이스라엘	4	5	리투아니아	20	18	라트비아	31	31
네덜란드	5	6	영국	19	19	일본	32	32
노르웨이	7	7	슬로베니아	22	20	한국	35	33
룩셈부르크	9	8	미국	15	21	포르투갈	34	34
스위스	8	9	독일	16	22	헝가리	33	35
호주	12	10	멕시코	29	23	그리스	36	36
뉴질랜드	10	11	프랑스	21	24	콜롬비아	37	37
코스타리카	23	12	에스토니아	15	25	튀르키예	38	38
오스트리아	11	13	폴란드	30	26			

출처 : SDSN(지속가능발전해법네트워크), 2024 세계행복보고서(UN, 2024.3.20)

데 미국의 경우 30세 미만의 행복도는 62위, 60대 이상은 10위로 큰 차이가 나타났고 우리와 동일 문화권에 있는 일본도 미국과 비슷하게 30세 미만은 73위, 30~44세는 63위, 45~59세는 52위, 60세 이상 노년층은 36위로 행복도가 역전되었다.

우리나라의 경우는 모든 연령대에서 비슷한 행복도를 보이고 있지만, 최근 SNS 사용 빈도와 사회 분위기를 감안하면 이러한 흐름에서 예외가 아닐 가능성이 크다. 이번 보고서에 따르면 대한민국의 총 행복지수는 143개국 중 52위로 중상위권에 속하지만, OECD 국가로만 보면 38개국 중 33위로 최하위권에 속한다.

우리나라의 경제 규모가 세계 13위라는 점을 고려하면, 행복 수준은 경제적 위상에 비해 크게 뒤떨어져 있다. 게다가 행복의 격차와 불평등 지수는 157개국 중 96위로, 행복 격차가 큰 나라 중 하나다. OECD 국가 중 자살률 1위, 급격히 낮아지고 있는 출산율 등 사회의 불행 지표들이 점점 더 악화되는 주요 원인은 앞서 언급한 양극화 문제일 것이다.

양극화로 인한 소득 격차는 결국 자산 격차로 이어지며, 자산은 임대 및 양도 소득을 통해 더욱 커지게 된다. 이렇게 벌어진 격차는 세대를 거듭할수록 '기울어진 운동장*'처럼 아무리 노력해도 따라잡기 어려운 상황을 만들며, 그 기울기는 점점 더 가팔라지고 있다.

> **기울어진 운동장**
> **(uneven playing field)**
> 축구 경기에서 유래된 용어로, 다른 축구팀들이 FC 바르셀로나와의 경기에서 계속 패배하면서 농담 삼아 운동장이 기울어졌다고 말했던 것이 비유적 표현으로 쓰이게 되었다. 운동장이 기울어져 한쪽이 유리한 지점에서 경기를 치르는 상황을 비유하는 말이다.

저소득층과 중산층의 소득을 높여 소비를 증대시키고, 이를 통해 경제 성장을 이루겠다는 취지의 정책 방향성을 가지고 있지만, 현실은 이와는 달리 소득 격차가 더욱 커지고 있으며, 소득 분위별 자산

총액의 차이도 크게 벌어지고 있다.

통계청 자료에 따르면, 2023년 소득 상위 20%인 5분위의 자산 총액은 소득 하위 20%인 1분위보다 약 6.8배 많고, 평균보다는 약 2.2배 많다. 소득 증가 속도는 5분위의 경우 연평균 약 5%씩 증가

한 반면, 1분위는 약 3.7%씩 증가했다. 5분위의 소득은 2010년 대비 2023년에 186% 상승한 반면, 1분위는 약 155% 증가한 상황이다.

● 소득분위별 자산총액 분포와 격차 ●　　　　　(단위 : 만 원)

구분	2015년	2016년	2017년	2018년	2019년	2020년	2021년	2022년	2023년
전체	34,685	36,637	38,671	42,036	43,191	44,543	50,253	54,772	52,727
1분위	11,908	11,954	12,420	13,522	13,146	13,629	16,456	16,911	17,287
2분위	19,561	20,228	21,994	23,629	23,780	25,523	28,637	30,562	28,567
3분위	26,944	28,608	31,735	34,849	35,464	36,076	39,680	43,724	41,948
4분위	37,927	40,466	44,109	46,668	48,891	49,422	56,692	61,553	58,361
5분위	77,073	81,917	83,094	91,492	94,663	98,054	109,791	121,088	117,458
전체 대비	2.22	2.24	2.15	2.18	2.19	2.20	2.18	2.21	2.23
1분위 대비	6.47	6.85	6.69	6.77	7.20	7.19	6.67	7.16	6.79

출처 : KOSIS

이처럼 빠르게 진행되고 있는 양극화는 이제 하나의 트렌드가 되어 경제와 사회 전반에서 자주 거론되고 있다. 모든 문제의 시작과 미래 전망에 있어, 양극화는 마치 만능열쇠와 같은 역할을 한다. 하지만 양극화는 결코 가볍게 여길 문제가 아니며, 지금이 바로 방향을 바꿀 수 있는 골든타임일 수 있다.

물론 도시가 급격히 발전하고 선진국에 진입하면 양극화는 필연적인 현상일 수 있다. 미국처럼 인구가 많은 국가나 유럽처럼 관광객이 몰리는 국가는 그 영향을 덜 받을 수 있다. 그러나 우리나라는 국가 성장을 이끌어 온 2가지 중요한 구조적 변화와 맞물려 있다는 점에서 주목할 필요가 있다. 하나는 노동력 공급과 소비 시장의 중심인 인구 구조의 변화이고, 또 하나는 대한민국 번영을 이끌었던 주요 산업의 재편이다. 이런 상황에서 한쪽 경제만 번성하고 다른 쪽이 쇠퇴한다면 우리 사회의 지속 가능성은 크게 위협받을 수 있다.

부동산 양극화는 곧 소유와 지역의 양극화

대한민국은 '잘 살아보세'라는 캐치프레이즈를 국가적으로 외칠 정도로, 잘 살고자 하는 열망이 어느 나라보다 강한 민족이다. 지금은 조금 달라졌지만 여전히 유교적 사상에서 비롯된 서열 문화가 강하게 작용하고 있어, 중간 이상은 되어야 마음이 놓인다는 인식이 자리 잡고 있다.

예전에는 명절에 큰집에 가면 오랜만에 만난 친척 어른들이 '반에서 몇 등 하니?' '반에서 키는 몇 번째로 크니?'라는 질문을 인사처럼 던지곤 했다. 등수가 높거나 키가 크면 공개적으로 칭찬을 받았고, 반대로 중간 이상에 들지 못하면 괜히 주눅이 들었던 기억이 있다. 요즘 같으면 아이들의 자존감을 떨어뜨릴까 걱정할 일이지만, 당시에는 가문 내에서도 서열을 매기는 것이 자연스러울 정도로, 사회 전체에서 우리가 어디쯤 있는지, 중위권 정도는 되는지가 중요한 상대적 가치였다. 이처럼 양극화는 우리 사회에서 매우 중요하고 민감한 문제가 될 수 있다.

우리는 유난히도 가난한 시절을 많이 겪었다. 특히 전쟁으로 인해 온 국민이 함께 겪은 가난은 상상하기조차 어려운 수준이었으며, 그 시기가 불과 70여 년밖에 되지 않았다. 당시의 경험자들과 우리는 지금 같은 시대를 살아가고 있다.

'개떡 같다'라는 말이 있다. 사전적 의미는 '마음에 썩 달갑지 않고 하찮다'라는 뜻이다. 어릴 땐 이런 의미를 몰랐고, 엄마가 개떡을 만들어주실 때마다 왜 이런 걸 만드시는지 이해하지 못했다.

그러나 시간이 지나면서 알게 된 개떡의 사연은 너무나 절박하고 처참했다. 옛날에 '보릿고개'라는 시기가 있었다. 이 시기는 대다수의 국민들이 농사를 짓던 시절, 매년 5~6월이면 지난 가을에 수확한 식량이 바닥나고, 보리는 아직 여물지 않아 먹고살기 힘든 때를 말한다. 일제강점기와 8.15 광복 이후, 한국전쟁 직후까지 매년 찾아오던 국민적 빈곤의 시기였다. 이때 등장한 음식이 바로 보리개떡과 쑥개떡이다. 보리개떡은 비싼 보리쌀이 아니라, 보리를 도정할 때 나오는 보리 등겨를 갈아 만든 것으로, 원래 가축의 사료로 쓰이던 재료다. 그만큼 가난했다는 것을 알 수 있다.

보리 수확 시기인 6월 전에는 식량이 부족했는데, 그때 들판에서 자라는 쑥은 보릿고개를 넘기기 위한 귀한 음식이었다. 지금은 웰빙 재료로 각광받고 있지만, 당시 쑥은 보릿고개를 넘기게 해준 구원의 음식과도 같았다. 어머니나 할머니가 길을 가다 쑥을 보면 왜 그렇게 뜯으셨는지 이제야 이해가 된다.

과거처럼 모두가 함께 힘든 보릿고개 시절이었다면 어떻게든 다 같이 참고 버틸 수 있었겠지만, 다른 사람들은 풍요로워 보이는 가운데 나만 보릿고개를 겪는 것 같은 현실은 견디기 힘들다.

자본주의 시대를 살고 있는 우리는 경제적인 양극화, 개인별 부의 양극화에 가장 민감하다. 이러한 부의 양극화는 결국 부동산을 중심으로 나타난다. 집을 소유했는지 여부와 어디에 있는 집을 샀는지에 따른 자산 증식 속도의 차이, 더 나아가서는 내가 어디에서 태어났는지에 따라 불가피하게 부의 양극화가 발생한다.

쉽게 말해 동일한 동네에서 계속 전세를 살았던 사람은 십 년이 지나도 부동산으로 인한 자산 증식은 없다. 만약에 십 년 동안 착한 임대인을 만나서 전세보증금을 한 번도 안 올려줬다면 현금 화폐 가치가 올라간 만큼의 증식도 없는 것이다.

실제로 상담 중에 이런 고객을 만난 적이 있다. 그는 좋은 임대인을 만나 10년 동안 집 걱정 없이 잘 살았지만, 임대인이 사망하고 아들이 집을 상속받았다. 아들은 임차인에게 계약 기간이 만료되면 보증금을 시세만큼 올리거나 집을 비워달라는 내용증명을 보냈고, 고객은 어떻게 해야 할지 고민했다.

결론적으로 10년 동안 장기 임차했고 계약 기간 만료일 몇 개월 전에 통보를 받았기 때문에, 결국 계약이 끝나면 집을 비워줘야 했다. 그런데 10년 전 보증금으로는 동일한 조건의 주택을 전세로 구할 수 없었다. 그 사이 전세보증금이 크게 올랐기 때문이다. 임대인은 선의를 베푼 것이었지만, 결과적으로 자산 증식이 아닌 마이너스를 남긴 슬픈 사례였다.

같은 시기에 주택을 매입해도, 주택의 위치에 따라 자산 증식 속도는 달라진다. 다음의 표는 서울에서 2014년 7월과 2024년 7월 사이의 아파트 중위매매가격(매매가의 전체 표본을 순서대로 나열했을 때 정중앙에 위치한 가격) 상승률이 높은 7개 지역구와 상대적으로 낮은 7개 지역구를 비교한 자료다. 이 표는 주택을 매입할 때 위치 선정과 타이밍이 얼마나 중요한지를 보여준다. 10년 동안 서울에서 중위매매가격이 가장 많이 오른 지역은 성동구, 강남구, 서초구 순이었고, 비교적 적게 오른 지역은 강북구, 관악구, 구로구 순이었다.

상승률 높은		14년 7월	19년 7월	24년 7월
1	성동구	449,500	845,000	1,306,500
2	강남구	792,000	1,517,500	2,142,000
3	서초구	812,500	1,410,000	2,028,000
4	영등포구	407,500	713,000	996,500
5	양천구	482,000	750,000	1,151,500
6	마포구	451,500	845,000	1,078,500
7	용산구	665,000	1,317,500	1,583,000
상승률 낮은		14년 7월	19년 7월	24년 7월
1	강북구	322,500	450,000	595,500
2	관악구	370,500	531,000	711,000
3	구로구	315,000	500,500	606,500
4	도봉구	267,000	402,500	527,000
5	금천구	279,000	400,000	554,000
6	서남권	385,456	624,525	786,000
7	성북구	362,500	538,500	744,000

출처 : 한국부동산원

성동구의 중위매매가격은 2014년 7월에 4억 4,900만 원에서 5년 만에 1.9배 상승해 8억 4,500만 원이 되었고, 2024년 7월에는 다시 1.6배 상승해 13억 원에 이르렀다. 반면 강북구의 중위매매가격은

2014년 7월에 3억 2,200만 원에서 5년 후 1.4배 오른 4억 5천만 원이 되었고, 2024년 7월에는 1.3배 올라 5억 9천만 원이 되었다.

2014년 당시 성동구와 강북구의 중위매매가격 차이는 1억 2,700만 원이었지만, 2019년 7월에는 3억 9,500만 원, 2024년 7월에는 7억 1천만 원 차이로 벌어졌다. 성동구 중위 아파트 한 채의 가격으로 강북구 아파트 두 채를 사고도 남을 정도로 가격 차이가 커졌다.

같은 지역에서도 매입 타이밍에 따라 자산 증식 속도는 다르다. 예를 들어 용산구 아파트를 2014년 7월에 매입해서 2019년 7월에 매각했다면 약 2배 상승해 6억 5천만 원의 차익을 얻었을 것이다. 그러나 2019년 7월에 매입해 2024년 7월에 매각했다면 약 1.2배 상승한 2억 6천만 원 정도의 차익이 발생하게 된다.

물론 이 사례들은 지역구의 중위 아파트 매매가격을 기준으로 한 것이며, 주택의 유형이나 아파트 단지별로도 차이가 있을 수 있다.

지역 양극화는
왜, 얼마나 진행되었나?

서울과 지방 간의 주택 가격 양극화는
산업 구조 변화와 인구 이동으로 더욱 심화되고 있고,
이로써 주거비 상승과 계층 간의 소외가 가속화되고 있다.

주택 매입은 자산의 대부분을 투입하는 중요한 결정이며, 거주지에 따른 삶의 질 차이도 크다. 그러나 수도권과 비수도권, 서울과 비서울 간의 주택 가격 격차가 심화되고 있어 원하는 거주지에 집을 사는 것이 어려운 상황이다. 특히 서울의 강남·서초·송파 등 주요 지역에서는 수십억 원대 거래가 이루어지고 있는 반면, 지방은 주택 가격 하락과 미분양 문제를 겪고 있다.

이러한 부동산시장의 양극화는 인구와 자산이 서울로 집중되는 현상을 가속화한다. 지방의 자산가는 자녀의 서울 정착을 위해 아파트를 매입하는 등 서울 주택을 선호한다. 양극화가 사회적 불안 요

수도권과 비수도권의 심각한 양극화

인이 되고 있어, 전국적 공간 재배치와 자산 분산을 위한 정책적 고민이 필요하다.

부동산의 지역별 양극화, 도대체 얼마나 심각할까?

주택은 매입 가격 자체가 매우 높기 때문에 개인이 보유한 대부분의 현금 자산과 대출을 활용해서 매입하게 된다. 따라서 개인의 자산은 주택에 집중될 수밖에 없다. 또한 주택은 자산의 가치가 있을 뿐만 아니라 거주도 할 수 있기 때문에 어디에 사느냐에 따라 삶의 질이 크게 달라지기도 한다. 출퇴근을 하는 시간에 차이가 있을 수도 있고, 쇼핑몰이나 병원을 이용하거나 운동을 하는 것에 소요되는 시간도 달라질 수 있다. 이처럼 주택 매입은 개인의 자산을 대부분 투입하는 동시에 삶의 만족도까지 좌우하는 매우 중요한 선택이다.

앞서 본 사례처럼 서울 내에서도 주택 가격의 지역별 편차는 점점 더 심화되고 있다. 수도권과 비수도권, 서울과 비서울, 심지어 같은 지역 내에서도 대표 지역과 그렇지 않은 지역 간의 격차는 더욱 커질 전망이다.

지역별 주택 수급이 균형을 이루면 이러한 지역별 양극화 현상은 완화될 수 있다. 공급 과잉이 되더라도 경제 상황이 나아지면 실수요자들이 소화를 해줄 것이고 공급 부족 시기에도 전국 주택보급률 평균이 102.1%이기 때문에 구축 주택을 매입하거나 임차를 하면서 버틸 수 있기 때문이다.

그러나 지금은 인구 감소와 수도권 집중화가 빠르게 진행되고 있기 때문에 이를 대비한 공간 재배치 전략이 필요한 상황이다. 인구 과잉 지역과 소멸 위기 지역에 대한 수요 예측과 그에 맞는 공급 대책이 필요했으나, 오랜 기간 이런 부분이 간과되어 왔다.

결과적으로 인구 소멸 지역에는 주택이 과잉 공급되어 미분양이 장기화되고 있고, 수요가 집중된 서울은 재개발·재건축 등의 유일한 공급 방식이 사실상 멈춘 지 십여 년이 되었다. 그리고 그 사이 주택시장 수요자 유형은 너무나 다양해졌고, 그들의 요구사항도 복잡해진 상황이다.

코로나-19가 잠잠해지고 금리가 급격하게 인상되기 시작한 2022년 말에 전국 주택 가격은 급락하게 된다. 주택시장의 종말을 예견하며, 가격이 급격하게 하락할 것이라는 소위 '하락론'이 급부상하게 된 것이다. 그러나 2022년 말부터 2023년 상반기까지 급락했던 주택 가격은 이후 소폭 상승 후 지역별로 다른 방향성을 갖기 시작했다. 2024년이 되자 수도권과 비수도권 간의 격차가 커졌고, 특히 서울의 독주가 본격화되었다.

2023년과 비교해 주택시장에 영향을 미치는 주요 지표가 크게 변하지 않았음에도 불구하고, 2024년에 서울만 주택 가격이 급등한

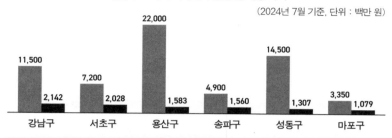

● 서울 주요 지역 아파트의 중위 및 대장 가격 ●

(2024년 7월 기준, 단위 : 백만 원)

지역	대장 가격	중위 가격
강남구	11,500	2,142
서초구	7,200	2,028
용산구	22,000	1,583
송파구	4,900	1,560
성동구	14,500	1,307
마포구	3,350	1,079

출처 : 한국부동산원, 국토교통부 실거래가

이유는 여러 가지가 있을 수 있는데 그중 한 가지는 서울 주택 수요
가 이전보다 다양해지고 확산되었기 때문이다.

2024년 서울 주택 가격 상승을 주도한 지역은 입지가 뛰어난 강
남 3구(강남·서초·송파)와 마용성(마포·용산·성동) 지역이었다. 이들 지
역의 아파트 중위 가격과 대장 가격은 위의 자료와 같다.

서울 지역의 전체 중위매매가격이 8억 6,700만 원인 반면, 2024
년 매매 시장을 주도한 지역들의 중위매매가격은 이를 훨씬 상회하

는 10억 원에서 20억 원 이상으로 평가되고 있다. 특히 마포구와 성동구를 제외한 4개 지역은 여전히 규제 지역으로 지정되어 있어, 무주택자라도 주택담보대출비율(LTV)이 50%로 제한된다. 설령 차주의 소득이 높아 LTV 50%를 모두 대출받는다 해도, 최소 5억 원에서 10억 원 이상의 자금 조달 능력이 필요하다.

더욱 주목할 점은 실제 거래된 아파트의 최고 가격이다. 2024년 7월, 한남동 나인원한남(100평)은 220억 원, 성수동 아크로서울포레스트(75평)는 145억 원에 거래되었으며, 압구정동 구현대 6, 7차(80평)는 115억 원, 반포동 아크로리버파크(52평)는 72억 원, 잠실동 아시아선수촌(64평)은 49억 원, 마포구 하중동 한강밤섬자이(58평)는 33억 5천만 원에 거래되었다. 이처럼 고가의 아파트 거래가 활발해지면서, 사실상 주택담보대출의 의미가 퇴색되고 금리 영향도 크지 않은 시장이 형성되기 시작했다.

2024년 1월부터 8월까지 국토교통부에 신고된 50억 원 이상의 아파트 거래는 총 207건이며, 그중 56%인 116건이 강남구에서 이루어졌다. 강남구의 거래 중 67%에 해당하는 78건은 압구정동에서 발생했다. 서초구에서 56건, 용산구에서 23건, 성동구에서 12건의 대형 평형(40~80평 이상)이 거래된 점도 주목할 만하다.

같은 기간, 위에서 언급된 4개 지역구를 제외하고 50억 원 이상으로 거래된 아파트는 전국 어디에도 없었다. 반면 2024년 6월 경북 포항에 위치한 한 아파트는 전용면적 197㎡가 2억 7천만 원에, 7월에는 175m^{2}가 2억 8천만 원에 거래되었다. 이는 극심한 지역별 격차를 보여준다.

부동산 양극화의 끝은 과연 어디일까?

2024년 8월까지 거래된 50억 원 이상의 아파트 중 38%에 해당하는 78건이 강남구 압구정 재건축 특별 계획 구역 내에서 이루어졌다. 이 구역은 토지거래허가구역으로 지정되어 있어, 실거주 목적의 주택 매입만 가능하고 전세보증금을 끼운 갭투자는 불가능하다. 이 구역 내에서 거래된 최고가는 115억 원이고, 평균가는 약 64억 원에 달한다. 대출을 최대한으로 받더라도 수십억 원의 납부 능력이 요구되는 것이다.

짧은 기간 동안 이 지역에 거래가 집중된 이유는 압구정동 일대가 대한민국 최고의 입지를 자랑하며, 재건축 기대감이 높았기 때문이다. 그럼에도 거래가 많지 않았던 주된 이유는 이 지역이 투기과열지구로 지정되어 있어 여러 제약이 존재했기 때문이다.

현행법에 따르면, 투기과열지구에서 재건축을 진행할 경우 조합 설립인가 이후에 거래된 주택은 원칙적으로 조합원 지위를 승계받지 못하며, 현금 청산 대상이 된다. 그러나 예외적으로 조합원 지위

양도가 가능한 경우가 규정되어 있는데, '투기과열지구 내 재건축 조합설립인가 후 조합원지위양도 금지 예외 조항'이며, 그 내용은 다음과 같다.

---

1) 1세대 1주택자가 10년 이상 소유하고 5년 이상 거주한 경우

2) 조합설립인가 이후 3년이 지나도 사업시행인가 신청을 못한 재건축 사업

3) 사업시행인가 이후 3년 동안 착공을 못한 재건축 사업

4) 착공일로부터 3년 이상 준공되지 않는 재건축·재개발 사업

5) 상속·이혼으로 소유한 경우

6) 재건축 사업의 토지가 경매 또는 공매가 된 경우

7) 투기과열지구 지정 전 매매 계약이나 30일 이내 부동산 거래신고를 한 경우

보통 1세대 1주택자가 10년 이상 소유하고 5년 이상 거주한 물건들이 주로 거래되는데 실제로는 극히 소수의 물건만이 해당되었다.

하지만 2024년 2월, 압구정 재건축 특별계획구역 중 4·5구역이 조합설립인가 후 3년이 지났음에도 불구하고 사업시행인가 신청을 하지 못했고, 이어 4월에는 2·3구역이 동일한 상황에 처하면서 조합원 지위 양도가 가능한 물건들이 많아졌다. 이로 인해 이후 거래가 직전 금액보다 수십억 원씩 상승된 가격으로 이루어지게 되었다.

같은 시기, 대부분의 지역에서는 주택 가격이 하락세를 보이고 있었기 때문에 이러한 현상은 다른 지역 사람들에게는 마치 남의 나라

이야기처럼 들릴 수 있을 정도로 큰 괴리감을 보였다. 그러나 이러한 지역별 초양극화와 아파트 단지별 초양극화 현상은 이제 막 시작된 것에 불과할 것으로 보인다.

부동산 양극화의
원인과 전망

전국의 주택보급률 평균이 102.1%에 달하면서, 대한민국 국민 대다수의 기본적인 의식주는 어느 정도 해결된 상태다. 주택의 양도 중요하지만, 이제는 양질의 주택을 원하는 수요가 더욱 부각되고 있다.

전국적으로 주택보급률이 100%를 넘었으나, 서울의 주택보급률은 93.7%(2022년 기준)로 전국에서 가장 낮다. 또한 자가 주택 보유율도 56.2%로 전국 평균에 못 미치며, 주택 매입 의지가 있는 수요자는 약 74%에 달한다. 그러나 사람들이 선호하는 아파트의 비중은 전국 평균보다 낮은 59.5%에 불과하고, 실제 아파트를 보유하고 있는 비율은 46.6%로 절반도 되지 않는다. 즉 아파트를 매입하려는 신규 수요와 비아파트에서 아파트로 전환하고자 하는 수요가 여전히 존재하는 상황이다.

한편 15년 이상 된 노후 아파트의 비율이 서울 전체의 68.2%나 되니 신축 또는 5년 이내 준신축 아파트의 인기가 높아질 수밖에 없다. 이 부분은 서울에 거주하며 실거주를 목적으로 매입을 원하는 수요와 직결된다. 또한 현재는 서울에 거주하지 않지만 교통 편리성이나 생활 인프라의 이점 때문에 경기도나 인천 등 인접 지역에서 서울로 이전을 꿈꾸는 수요도 존재한다. 이것은 서울에서 실거주를 목적으로 주택을 매입하려는 다양한 수요층의 특징이라 할 수 있다.

최근의 주택 매입 수요자들은 과거와는 다르게 가능한 자산 규모 내에서 자신의 라이프 스타일에 맞는 후보지 중 최선의 주택을 선택하려는 경향이 강하다.

여기에 지방의 투자 목적 수요가 더해진다. 단순히 단기 차익을 노리는 투기성 수요도 있지만, 실거주 겸 투자 목적의 수요도 적지 않다. 지방의 자산가들의 자녀들이 학업을 위해 수도권에 거주하거나, 향후 수도권으로 이주할 계획을 가지고 있는 경우가 상당수이기 때문이다. 심지어 당장 계획이 없더라도, 미래를 대비해서 매입해두려는 경우도 많다. 서울 아파트가 일종의 안전 자산이라는 인식이 강해진 것이다.

서울과 수도권 지역의 주택 가격이 빠르게 상승하는 것을 지켜보면서, 지방에 거주하는 부모들은 "나는 아니지만 내 자식은 서울에 갈지도 모른다"는 생각을 하게 된다. 본인은 지방에서 살아왔지만, 자녀가 나중에 서울에 정착하려고 할 때 주택 가격이 너무 상승해서 주거가 불안정해질 수도 있다는 우려 때문이다. 이러한 노파심이 지방 거주자들도 서울 주택을 매입하려는 수요로 이어지고 있다.

산업 구조의 변화도 서울 주택 수요 증가의 또 다른 요인이 되고 있다. 조선업과 자동차 산업 등 탄탄한 제조업을 기반으로 한 지방 광역시들은 인구가 급격히 감소하면서 빠르게 고령화가 진행중이다. 하지만 제조업 활성화를 통한 인구 증가 방안이나 대체 산업 개발 계획은 전무하다.

지역 경제의 기반이 되어왔던 주요 산업들이 침체되면서, 대기업에 하청을 받아 운영해온 1차·2차 벤더사 중 자녀에게 사업을 승계하려고 하는 경우는 극히 소수이다. 과거에는 열심히 일하면 지역 내에서 성공한 사업가로 자리 잡을 수 있었지만, 이제는 그러한 보장이 없을뿐더러 경쟁이 매우 치열하기 때문이다.

외국 유학과 글로벌 경험을 쌓은 자녀들도 부모처럼 고생할 것이 뻔하다며, 가업을 물려받기를 꺼린다. 이에 따라 지방의 건실한 중소기업들은 가업 승계를 대신해 서울의 번듯한 건물이나 아파트를 매입해 부동산 임대업으로 전환하는 사례가 늘어나고 있다. 이렇게 대한민국의 성장 동력이었던 지방의 많은 중견 기업들은 한 세대를 넘기지 못하고 부동산 임대업으로 전환하고 있으며, 지방에서 서울로 인구가 이동하기도 전에 자산의 이동이 먼저 이루어지는 현상이 나타나고 있다.

지역 양극화는 옳고 그름의 문제가 아니라, 경제 성장에 따른 필연적 사회 현상이라고 볼 수 있다. 그러나 대한민국의 좁은 국토 안에서 서울만 비대해지는 것은 다양한 부작용을 초래할 수 있다. 경제적으로는 서울의 주거비가 급등하고, 지방은 자산가치가 하락하는 결과를 가져올 수 있다. 또한 사회적으로는 계층 간 양극화가 가속화되어 박탈감, 소외감, 위화감 등이 공동체의 존립을 위협할 수 있다.

글로벌 도시로서 서울은 다른 선진국의 수도와 비교했을 때도 경쟁력이 있어야 하지만, 천편일률적인 아파트와 끊임없는 지하철 공사판, 교통 체증 등이 도시 경쟁력을 떨어뜨리고 있다. 관광객들이 한 번은 방문하더라도, 재방문은 망설이는 경우가 많다.

지역 양극화는 중산층에게 소외감을 느끼게 하고, 청년 세대에게는 노동에 대한 의욕을 상실하게 만든다. 땅을 소유한 자와 땀을 흘리는 자로 계층이 양극화되는 사회는 건강한 미래가 보장될 수 없다. 도시와 농촌의 격차가 벌어질수록 사회의 건강성은 약해진다는 말이 있다. 인구 구조 변화를 고려한 전국적인 공간 재배치에 대한 깊은 고민이 필요한 시점이다.

대한민국의 인구 감소, 너무 빨라 절대위기다

한국의 인구가 전례 없이 너무나 빠르게 감소하고 있다.
2070년 중위 연령은 62.2세, 유소년 인구 비중은 7.5%가 되어
노동력 감소와 부양 부담 증가가 볼 보듯 뻔하게 예상된다.

대한민국의 인구 감소 속도는 유례없이 빨라서 전 세계적으로 주목을 받을 정도다. 2023년 한국의 합계출산율은 0.72로, OECD 국가 중에서 가장 낮고, 지금으로부터 한 세대가 더 지나면 인구가 더 급격히 줄어들 수 있다.

이러한 인구 구조 변화는 고령화와 맞물려 사회 전반에 큰 영향을 미칠 것으로 보이며, 노동력, 군사력, 경제력에도 부정적인 영향을 줄 가능성이 크다. 대한민국이 처해 있는 인구 문제의 심각성을 인지하고, 정부와 사회가 함께 저출생 문제 해결에 집중해야 한다.

전 세계적인 걱정거리가 된
대한민국의 인구 감소 속도

"우주는 유한해. 자원도 그렇지. 이대로 가면 아무도 못 살아남
아." 영화 〈어벤져스 : 엔드게임〉에 나온 타노스의 대사다. 누적 관람
객 1,397만 명이라는 경이로운 숫자를 기록한 이 영화의 악당 타노
스는 소원이 하나 있었다. 그것은 인간을 포함한 우주 생명체 모두
가 행복해지는 것이었다. 악당답지 않은 너무 아름다운 꿈이었지만
이것을 실현하는 방식은 너무나도 악당스러웠다. 타노스는 우주 생
명체는 빠르게 증가하는 반면, 자원은 부족하다고 판단해 모두의 행
복을 위해서는 생명체의 절반이 죽어야 한다고 믿었다.

타노스는 단번에 절반을 죽일 방법을
찾았다. 그것은 우주에 흩어져 있는 6개
의 스톤을 모두 모아서 전능한 힘을 갖는
것이었다. 6개의 스톤을 확보한 순간, 손
가락 끝을 튕기는 것만으로 생명체의 절
반을 제거할 수 있다고 생각했다. 이러한
타노스의 생각은 실제 영국의 경제학자
토머스 맬서스가 저서 『인구론』을 통해
서 주장하고 있는 이론과 유사하다. 맬서
스는 "인구는 기하급수적*으로 증가하는

기하급수적
무언가가 일정한 비율로 배가되면
서 증가하는 경우를 설명한다. 예
를 들어 어떤 값이 2배씩 증가한다
면, 1, 2, 4, 8, 16처럼 증가하는 패
턴이다.

산술급수적
무언가가 일정한 크기만큼 더해지
면서 증가하는 경우를 설명한다.
예를 들어 어떤 값이 매번 1씩 증
가한다면, 1, 2, 3, 4, 5처럼 증가하
는 패턴이다.

데 비해 식량은 산술급수적*으로 증가하기 때문에 인구가 줄어야 한다"고 주장했다.

그러나 결론적으로 맬서스의 예측은 빗나갔고, 타노스도 인구를 절반으로 줄이는 것에는 성공했지만 그 끝에는 상실감과 공허함만 남았을 뿐 꿈꾸던 행복한 미래는 없었다.

대한민국은 우주에 흩어진 6개의 스톤을 모은 것도 아닌데, 전 세계적으로 유례없이 빠르게 인구가 감소하고 있다. 그 속도가 얼마나 빠른지, 2023년 12월에 미국 뉴욕타임스(NYT)의 로스 다우서트는 '한국은 소멸하는가'라는 제목의 칼럼을 게재하기까지 했다. 이 칼럼에서 다우서트는 한국의 인구 감소 속도가 14세기 중세 유럽의 흑사병 창궐 당시보다도 빠를 수 있다고 지적했다.

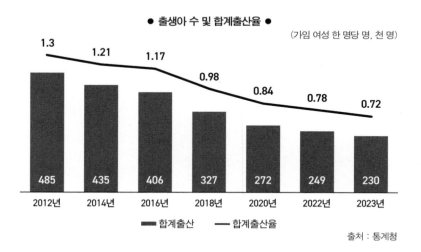

● 출생아 수 및 합계출산율 ●

(가임 여성 한 명당 명, 천 명)

2012년	2014년	2016년	2018년	2020년	2022년	2023년
1.3	1.21	1.17	0.98	0.84	0.78	0.72
485	435	406	327	272	249	230

■ 합계출산   ━ 합계출산율

출처 : 통계청

학계에서는 흑사병으로 유럽 인구의 30~50%가 사망한 것으로 보고 있으며, 지역에 따라서는 사망률이 80~90%까지도 집계되었다고 한다. 이를 예로 들어 설명한 것은 그만큼 한국의 인구 감소가 극단적으로 빠르다는 것을 강조하기 위한 것이다.

인구 감소는 유럽의 사례처럼 전염병이나 자연재해 같은 재난으로 대규모 사망이 발생하면서 나타날 수 있고, 최근 우크라이나 사태처럼 전쟁으로 인해 급격히 줄어들 수도 있다.

그러나 대한민국의 인구 감소는 전염병이나 전쟁 때문이 아니라, 출생률이 사망률보다 낮아서 발생하는 자연적 감소가 원인이다.

통계청에 따르면 2023년 대한민국의 합계출산율은 0.72명으로 2012년의 1.3명에서 0.58명이 감소했으며, 특히 2023년 4분기 합계출산율은 0.65로 역대 가장 낮은 수치를 기록했다. 이는 OECD 국

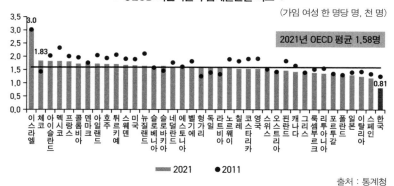

● OECD 회원국들의 합계출산율 비교 ●

(가임 여성 한 명당 명, 천 명)

출처 : 통계청

가 전체 중에서 압도적인 최하위 수준이며, 심지어 전쟁중이고 인구가 3,800만 명에 불과한 우크라이나의 합계출산율 0.7보다도 낮은 수준이다.

로스 다우서트는 0.7명대로 떨어진 한국의 합계출산율을 언급하면서, 이 수준이 유지된다면 한 세대에 200명(부부 100쌍)이 있던 인구가 다음 세대에는 70명으로 줄어들고, 추가로 한 세대가 더 지나면 25명 이하로 감소할 것이라고 경고했다. 이러한 인구 감소의 원인으로는 극심한 입시 경쟁, 남녀 갈등, 남성들의 인터넷 게임 몰입 등을 꼽았다. 이처럼 '선진국에서 나타나는 인구 감소 문제의 대표적인 연구 대상'이 된 대한민국의 인구 구조 변화는 정말로 전 세계가 우려할 만큼 심각한 상황일까?

숫자가 먼저 보여주는
인구 감소의 심각성

대한민국의 바쁜 현대인들에게 인구 감소 문제는 아직까지 피부로 와닿지 않는다. 그보다도 더 시급한 위기 사항들이 여기저기 산재해 있고, 빠르게 변하는 트렌드와 정보의 홍수 속에서 우리 삶의 터전인 도시는 여전히 복잡하고 붐빈다.

그러나 외부에서 우리를 바라보는 시선은 위태롭고 걱정스럽다.

'한국, 국가 소멸 위기감' '한국은 소멸하나' '한국군의 새로운 적, 인구 추계'와 같은 표현들은 외신이 바라보는 대한민국 인구 문제의 심각성을 잘 보여준다.

"인구는 곧 국력"이라고 했다. 국가가 존속하려면 국토와 국민이 있어야 한다. 인구수는 한 국가의 노동력과 군사력, 국제 사회에서의 정치적 영향력을 좌우할 수 있다.

아직 체감하지 못하지만 서서히 다가와 재난이 될 수 있는 인구 구조 변화는 이미 숫자로 그 심각성을 말해주고 있다.

2020년은 대한민국 역사상 출생아 수가 처음으로 30만 명 이하로 하락한 해이자 출생아 수가 사망자 수보다 적어지면서 인구의 자연적 감소가 시작된 해이기도 하다. 이후로 인구는 지속적으로 감소하고 있다. 2021년, 전국 228개의 기초자치단체 중 80%에 달하는 182곳이 인구 자연 감소 지역으로 분류되었다. 이는 2011년의 88곳

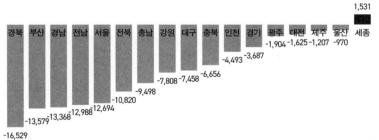

● 지역별 인구 자연 감소 현황(2022년) ●

(단위 : 명)

출처 : 통계청

(38%)에 비해 2배 이상 늘어난 수치다.

인구의 자연적인 감소는 서울도 예외가 아니다. 2011년 서울의 자치구 중 자연 감소가 일어난 구는 한 곳도 없었지만, 2021년에는 서울 25개 구 중에서 16개 구(64%)에서 자연 감소가 일어났다.

2022년 통계청 자료에 따르면 전국에서 인구의 자연적 감소가 나타나고 있지 않은 지역은 세종시가 유일하다. 지역별로는 경북, 부산, 경남 지역의 인구 자연 감소가 가장 크게 나타나고 있다.

2020년에 약 27만 명으로 떨어진 합계출산율은 점점 더 감소해서 2023년에는 약 23만 명에 불과하게 되었다. 이는 출생률 급상승기인 베이비붐(Baby boom) 시기의 4분의 1 정도 수준에 불과하다. 대한민국의 베이비붐 세대는 한국전쟁 후 1955년부터 1963년 사이에 태어난 약 710만 명의 출생자들을 말한다.

아이를 너무 많이 낳아서 문제였던 베이비붐 시대와 달리, 급격히 낮아지는 출산율이 문제인 2020년 이후의 출산 가뭄기를 베이비 버스트(Baby Bust) 세대라고 부를 수 있을 것이다. 베이비 버스트 세대가 부모가 되면 인구는 더욱 빠른 속도로 감소될 것이다. 지금과 같이 한 커플(2명)이 결혼해도 한 명도 아이를 낳지 않는 출산율이 지속된다면, 인구 한 명당 아이를 0.36명 갖는 수준으로 줄어들게 되어 자녀 세대는 부모 세대의 3분의 1로 축소될 수 있다.

실제로 통계청은 합계출산율이 0.82로 유지될 경우, 2020년생이 부모가 되는 2050년 중반에는 신생아수가 약 11만 명에 그칠 것이며, 2060년에는 10만 명에도 미치지 못할 것이라고 전망한다. 이처럼 빠른 속도로 세대가 사라지면 사회구조는 어떻게 변할지 누구도 예측하기 어렵다.

숫자가 먼저 보여주는
미래의 인구구조 변화

대한민국은 지난 백 년도 채 안 되는 짧은 현대사 동안 매우 드라마틱한 변화를 겪었고, 그에 따라 인구 구조 역시 큰 변동성이 있었다. 특히 광복 후 남과 북이 분단되면서 남한의 인구는 폭발적으로 증가했고, 전쟁 후 속도감 있는 도시화 진행 과정에서 대도시로의 인구 이동이 두드러졌다.

미국에서도 제2차 세계 대전 이후 출산율이 급증했던 것처럼 한국전쟁이 끝난 후 몇 년 동안 출산율은 크게 늘어났다. 당시에는 지금처럼 자녀 계획을 세우는 사람도 거의 없었지만, 만약 "한 명은 외로우니까 서로 의지할 수 있도록 2명을 낳아서 잘 기르자"라고 계획을 세운다고 해도 실제로 지켜지기는 어려웠다. 의학 기술이 지금처럼 발달하지 못했고 기본적인 상하수도 시설 등의 부족으로 영아 사망률이 매우 높았던 것이다. 따라서 부모들은 아이를 많이 낳아서 그중 몇 명이라도 성인이 될 때까지 살아남기를 바랄 뿐이었다.

실제로 필자의 외할머니 역시 아이 12명을 낳았고 그중 아들 3명과 딸 3명이 어릴 때 사망해 6명만 성인이 되었다. 지금으로서는 출생아 수와 사망률 모두 놀라운 숫자이지만, 당시에는 이런 일이 흔한 일이었다.

1960년대 대한민국의 인구 구조를 보면 전형적인 피라미드형이었다. 14세 이하의 유소년 인구 비중이 매우 높았고, 65세 이상 고령 인구 비중은 매우 낮았다. 총인구를 연령순으로 나열할 때 정중앙에 있는 사람의 연령을 중위 연령이라고 하는데, 당시의 중위 연령은 무려 19세였다. 출산율과 사망률이 모두 높았고, 기대 수명도 낮은 편이었다.

반면에 2023년 대한민국의 인구 구조는 가운데 연령대 비중이 높은 다이아몬드형이다. 15세부터 64세까지의 생산 연령 인구 비중이 70% 이상을 차지한다. 1960년에는 42.3%였던 유소년 인구의 비중은 11%로 크게 감소했고, 이로 인해 중위 연령은 45.6세로 매우 높아졌다.

2070년이 되면 고령 인구 비중이 가장 높아질 것으로 전망되고 있다. 14세 이하의 유소년 인구의 비중은 7.5%로 매우 낮은 비중을 차지하게 되고 중위 연령은 62.2세로 크게 높아질 것이다. 생산 연령 인구와 고령 인구 비중이 유사해지면서 사회 전반에 걸친 부양비 부담도 커질 것으로 전망된다.

빠른 시간 안에 급격히 고령화되는 사회, 중간 나이가 62.2세이고,

● 한국의 시대별 인구 피라미드 변화 ●

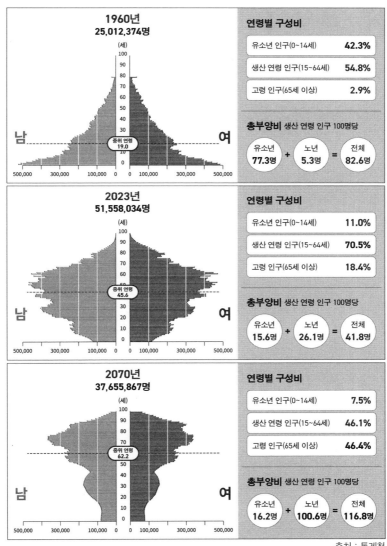

1960년
25,012,374명

(세)

연령별 구성비	
유소년 인구(0~14세)	**42.3%**
생산 연령 인구(15~64세)	**54.8%**
고령 인구(65세 이상)	**2.9%**

총부양비 생산 연령 인구 100명당

남 여

중위 연령 **19.0**

| 유소년 **77.3명** | + | 노년 **5.3명** | = | 전체 **82.6명** |

500,000 300,000 100,000 0 0 100,000 300,000 500,000

2023년
51,558,034명

(세)

연령별 구성비	
유소년 인구(0~14세)	**11.0%**
생산 연령 인구(15~64세)	**70.5%**
고령 인구(65세 이상)	**18.4%**

총부양비 생산 연령 인구 100명당

남 여

중위 연령 **45.6**

| 유소년 **15.6명** | + | 노년 **26.1명** | = | 전체 **41.8명** |

500,000 300,000 100,000 0 0 100,000 300,000 500,000

2070년
37,655,867명

(세)

연령별 구성비	
유소년 인구(0~14세)	**7.5%**
생산 연령 인구(15~64세)	**46.1%**
고령 인구(65세 이상)	**46.4%**

총부양비 생산 연령 인구 100명당

남 여

중위 연령 **62.2**

| 유소년 **16.2명** | + | 노년 **100.6명** | = | 전체 **116.8명** |

500,000 300,000 100,000 0 0 100,000 300,000 500,000

출처 : 통계청

절반이 넘는 인구가 62세 이상의 고령자로 구성된 사회는 과연 괜찮을까? 이는 불과 50년 후 대한민국의 모습일 수 있다.

물론 그 사이에 사회 전반적인 분야에서 혁신적인 기술 개발이나 정책 변화로 또 다른 모습의 미래 사회가 펼쳐질 가능성도 있지만, 현재 인구 구조 변화 추세를 통해 예측할 수 있는 '정해진 미래'의 모습은 심각한 고령화다. 이러한 인구 구조 변화의 배경에는 지속되는 저출생 현상이 자리 잡고 있다.

앞서 언급했듯이, 인구는 노동력이고 군사력이며 국제 정치에서의 영향력을 좌우하는 요소다. 노동력은 곧 경제력을 의미하고, 군사력은 대한민국의 특성상 국가 안보 문제와 직결된다. 정치인은 누가 되고 올림픽이나 월드컵에는 누가 나갈 것이며, 지금의 한류 문화는 그 명성을 유지할 수 있을까? 교육의 대상은 7.5%에 불과하고, 부양의 대상은 46.4%에 달하는 국가의 미래는 어두울 수밖에 없다.

저출생과 인구 감소에 대응하기 위해 정부는 2020년부터 예산을 크게 늘려서 정책적인 지원책을 확대하고 있다. 인구는 국력이고, 출산은 곧 애국이라는 말이 있다.

영국 경제학자 토머스 맬서스의 『인구론』이 미래를 예측하지 못했던 것처럼, 정부와 기업과 개인이 모두 관심을 기울이고 노력한다면 현재의 인구 구조 변화도 기우가 될 수 있다.

대한민국의 저출생을
해결할 수 있는 방법

저출생의 원인으로는 높은 주거비, 교육비, 불안정한 고용 환경,
그리고 결혼과 육아의 기회비용이 크게 작용하고 있으며,
이를 해결하기 위한 종합적인 정책이 절실히 필요한 때다.

대한민국은 2023년 합계출산율 0.65명으로 세계 최저 수준을 기록하며 심각한 인구 감소 문제에 직면했다. 저출생의 주요 원인으로는 높은 주거비, 사교육비, 양육비와 같은 경제적 부담과 일과 가정 양립의 어려움이 지목된다.

청년층은 경제적 부담을 이유로 결혼과 출산을 미루거나 포기하는 경향이 늘고 있으며, 특히 자녀 계획이 없는 이유는 양육 부담과 역할 변화에 대한 불안 때문이다. 해외에서는 가족 복지와 유연 근무제 등으로 출산율을 증가시킨 사례가 많다. 우리나라 역시 단순히 경제적 지원을 넘어 포괄적인 일·가정 양립 정책을 시행해야 한다.

아무도 가보지 않은 길, 합계출산율 0.7 시대

대한민국은 1962년부터 1995년까지 인구 증가를 억제하는 정책을 펼쳤다. 너무 빠른 인구 증가가 오히려 경제 성장을 방해한다고 생각했기 때문이다. 이 때 등장한 "덮어놓고 낳다 보면 거지꼴을 못 면한다" "둘도 많다 하나 낳고 알뜰살뜰" 등의 인구 정책 표어는 정부의 산아 제한에 대한 강력한 메시지를 너무나 잘 반영해서 동 시대를 살았던 사람이라면 지금까지도 기억을 할 것이다.

정책의 방향성에 순응해 출산율은 하락하기 시작했고, 이후 계속된 출산율 하락에 이번에는 저출생 대응 정책의 필요성이 제기되었다. 그러나 1990년대 후반에는 출산율 급감은 일시적 현상일 수 있다는 분위기가 확산되면서 그 대응이 2000년대까지 미루어졌다. 저출생 문제의 부작용과 심각성이 커지자 2005년에 '저출산·고령사회 기본법'이 제정되고 보육 시설 확충과 보육료 지원 등으로 출산과 양육을 지원하는 환경을 조성하기 위한 정부의 세부 과제들이 시행되었으나 출산율은 여전히 감소세를 이어가고 있다.

2023년 4분기, 대한민국의 합계출산율은 0.65를 기록했다. 전쟁이나 국가적 재난도 없었는데, 자연적 감소만으로 이렇게 낮은 출산율을 기록한 것은 전 세계 어느 국가도 경험해보지 못한 일이다. 매년 역대 최저치를 갱신하는 출산율에도 불구하고 국민들은 무뎌지고 있지만, 자녀 세대가 부모 세대의 3분의 1로 줄어들 사회는 교육, 경제, 국방, 문화 등 여러 분야에서 갈등과 변화를 예고하고 있다.

통계청에 따르면 2015년 합계출산율인 1.24명을 기록한 이후 매년 하락하면서 최저치를 갱신하고 있으며, 2021년 OECD 회원국 평균 출산율 1.58명에 비해 현저히 낮은 수준이다.

합계출산율이란 여성 한 명이 평생 낳을 것이라고 예상되는 평균 출생아 수를 의미하는 국제사회에서 통용되고 있는 대표적인 인구 지표다. 그러나 정확하게는 남성은 아이를 낳을 수 없고 여성도 혼자서는 불가능하기 때문에 남성 한 명과 여성 한 명, 보통 인구 2명이 평생 낳을 것이라고 예상되는 출생아 수를 의미한다고 볼 수 있다. 따라서 인구를 현재와 동일하게 유지하기 위해서는 합계출산율 1이 아닌 2가 되어야 하는데, 영아 사망 등의 변수를 고려해 보통 2.1명을 현재의 인구 수준을 유지하는 지표라고 본다.

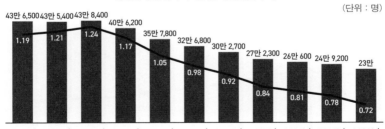

● 대한민국 출생아 수 및 합계출산율 추이 ●

(단위 : 명)

	2013년	2014년	2015년	2016년	2017년	2018년	2019년	2020년	2021년	2022년	2023년
출생아 수	43만 6,500	43만 5,400	43만 8,400	40만 6,200	35만 7,800	32만 6,800	30만 2,700	27만 2,300	26만 600	24만 9,200	23만
합계출산율	1.19	1.21	1.24	1.17	1.05	0.98	0.92	0.84	0.81	0.78	0.72

■■ 출생아 수　── 합계출산율

출처 : 통계청

따라서 합계출산율 0.72명은 2명이 결혼해서 0.72명의 아이를 낳는다는 의미이고, 한 명당 0.36명의 아이를 갖는다는 것이다. 이렇게 되면 현재 부모 세대보다 자녀 세대의 인구는 약 3분의 1로 줄어들게 된다. 숫자로 보면 생각보다 더 빠르게 느껴지는 수치인데 과연 이런 단순한 계산이 실제 인구에 반영이 될까?

다음의 자료는 한 해 첫째 아이를 낳은 어머니의 평균 출산 나이를 바탕으로 부모 세대의 출생 연도를 추정하고, 그 해의 출산 인구를 확인한 뒤 자녀 세대의 출산 인구와 비교한 시뮬레이션이다. 자녀 세대의 출산 인구를 부모 세대의 출산 인구로 나누어 해당 연도의 합계출산율과 얼마나 일치하는지를 분석했다. 그 결과, 실제 통계상의 합계출산율과 놀라울 정도로 정확하게 일치하는 것을 확인할 수 있었다. 아버지의 출생연도를 알 수 없다는 한계는 있었지만, 부모 세대에서 자녀 세대로의 인구 감소 비율과 해당 연도의 합계출

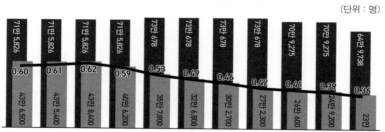

● 부모 세대 → 자녀 세대의 인구수 변화 ●

(단위 : 명)

■ 부모 세대   ■ 자녀 세대   — 합계출산율÷2

구분	합계 출산율	합계 출산율 ÷ 2	첫째 母 평균 출산연령	부모 출생 연도(유추)	부모 세대	자녀 세대	자녀 세대 ÷ 부모 세대
2013년	1.19	0.60	30.7세	1993년생	715,826	43만 6,500	0.61
2014년	1.21	0.61	31.세	1993년생	715,826	43만 5,400	0.61
2015년	1.24	0.62	31.2세	1993년생	715,826	43만 8,400	0.61
2016년	1.17	0.59	31.4세	1993년생	715,826	40만 6,200	0.57
2017년	1.05	0.53	31.6세	1992년생	730,678	35만 7,800	0.49
2018년	0.98	0.49	31.9세	1992년생	730,678	32만 6,800	0.45
2019년	0.92	0.46	32.1세	1992년생	730,678	30만 2,700	0.41
2020년	0.84	0.42	32.3세	1992년생	730,678	27만 2,300	0.37
2021년	0.81	0.41	32.6세	1991년생	709,275	26만 600	0.37
2022년	0.78	0.39	32.8세	1991년생	709,275	24만 9,200	0.35
2023년	0.72	0.36	33.6세	1990년생	649,738	23만	0.35

출처 : 통계청

산율을 2로 나눈 값이 거의 일치했으며, 자녀 세대에서 인구 감소가 더 빠르게 진행되는 경향도 확인할 수 있었다.

이 결과를 보면 합계출산율 0.7이라는 숫자로 단순한 경고 수준을 넘어서 얼마나 심각한 위기 상황인지 실감할 수 있다. 현재 수준이 지속되거나 개선되지 않는다면, 자녀 세대 이후 출생아 수는 또다시 1/3로 감소하게 될 것이다. 통계청의 장래인구추계를 보면 합계출산율 0.82명(저위추계)을 기준으로 계산했을 때, 2060년 출생아 수는 9만 8천 명에 불과할 것으로 예상된다. 좀 더 긍정적인 전망으로 합계출산율 1.34명(고위추계)을 반영해도 2060년 출생아 수는 2023년과 유사한 수준인 23만 5천 명 정도에 그칠 것이다.

● 합계출산율에 따른 미래 세대 출생아 수 추이 ●　　(단위 : 명)

구분		합계출산율 가정		
		0.82명	1.08명	1.34명
부모 세대	1990년	64만 9,738명		
자녀 세대	2023년	23만 명		
손자 세대	2056년	11만 5천 명	16만 7천 명	23만 4천 명
	2057년	10만 9천 명	16만 3천 명	23만 2천 명
	2058년	10만 1천 명	15만 9천 명	23만 2천 명
	2059년	10만 1천 명	15만 7천 명	23만 3천 명
	2060년	9만 8천 명	15만 6천 명	23만 5천 명

출처 : 통계청

2024년 정부의 합계출산율 목표는 1.0명이지만, 이 수치로도 인구는 지속적으로 감소하게 된다. 합계출산율 1.08명(중위추계)을 가정했을 때 2050년대 이후 출생아 수는 15만~16만 명 사이에 불과할 것으로 예상된다.

대한민국은 어쩌다가
전 세계 출산율 꼴찌 나라가 되었나?

대한민국이 저출생 국가가 된 이유는 여러 가지가 있지만, 그중 핵심은 높은 기회비용이다. 사회가 빠르게 발전하면서 예전보다 훨씬 잘 살게 되었고, 개인이 자신의 삶을 어떻게 꾸릴지에 대한 선택지가 다양해졌다. 과거에는 학업을 마친 후 직장에 취직하고 결혼해 가정을 꾸리는 것이 행복한 삶의 전형이었다. 하지만 이제는 상황이 달라졌다. 특히 여성의 학력이 높아지고 사회 활동이 활발해지면서, 출산과 육아로 인해 포기해야 하는 기회비용이 크게 증가한 것이다.

가장 눈에 띄는 기회비용은 경제적인 부분이다. 결혼을 함으로 인한 주거 비용, 출산과 육아를 하면서 발생하는 교육비, 의료비 등의 생활비는 1인 또는 2인 가구일 때와는 비교할 수 없을 정도로 크게 늘어나면서 부담이 가중될 수밖에 없다.

2023년 9월 통계청이 발표한 '1인 가구 씀씀이는 성별과 연령별로 어떻게 다를까' 보고서에 따르면, 1인 가구의 주택 점유 형태 중 가장 많은 비율을 차지한 것은 월세(36.8%)였다. 자가는 30.1%, 전세는 23.1%로 나타났는데, 2인 이상 가구에서는 자가 비율이 69%로 가장 높아, 1인 가구와 큰 차이를 보였다.

이처럼 결혼과 동시에 내 집 마련에 대한 고민이 시작되는데, 최근 급등한 주택 가격은 결혼을 주저하게 만드는 요인으로 작용하고 있다. 또한 대한민국의 높은 교육열은 부모들에게 큰 부담이 되고 있으며, 이로 인해 "무자식이 상팔자" 또는 "하나만 낳아서 잘 키우자"는 인식이 확산되고 있다.

여기에 더해, 거시경제의 불안정과 고용 환경의 불안정성 또한 "내 한 몸 건사하기도 힘든데…"라는 생각을 하게 만들어 결혼과 출산을 망설이게 만드는 중요한 요인이 되고 있다.

둘째로, 일과 자아실현에 대한 기회비용이 중요한 요인으로 작용하고 있다. 현대 사회에서 많은 여성들은 경력과 자아실현을 매우 중요하게 생각한다. 또한 1990년대생들이 주로 출산하는 세대가 되었지만, 이들의 부모인 베이비붐 세대는 과거의 부모 세대와는 다른 교육 방침을 가지고 있다. "남들과 비슷하게 사는 것이 행복이다"라거나 "나이가 찼으면 결혼해야 한다"는 식의 강요가 줄어들고 있다. 그들은 치열하게 경쟁하며 살았던 경험을 바탕으로, 자녀들에게 "아이를 빨리 낳으라"거나, 딸을 낳았을 때 "우리 집 대를 끊을 생각이냐"며 한 명 더 낳으라고 강요하지 않는다. 오히려 "너희의 행복이 가장 중요하다"는 식으로 자녀 부부의 행복을 더 기원하는 경우가 많아졌다.

하지만 인간의 진정한 행복은 가정과 일의 균형에서 온다. 이 두 영역은 긴밀히 연결되어 있으며, 조화를 이룰 때 개인의 전반적인 행복감과 정서적 안정감이 높아진다.

그럼에도 불구하고 현대 사회에서의 육아는 과거와 달라서 시간과 비용이 많이 소요되는 어려운 문제다. 복지가 많이 개선되었음에도 불구하고, 제한된 시간과 에너지를 효율적으로 분배하기 어려워 일과 가정의 양립이 쉽지 않다. 이러한 구조는 아이를 낳지 않는 딩크족(DINK)을 증가시키는 중요한 요인이 되고 있다.

마지막으로 나를 위한 시간, 취미와 여가 생활을 포기하는 것도 중요한 기회비용으로 작용한다. 먹고사는 걱정이 줄어들면서 대한민국 사회는 다양한 취미를 즐기는 '취미 부자' 사회가 되었다. 캠핑, 여행, 맛집 탐방, 골프, 테니스, 라이딩, 스킨 스쿠버, 스키, 반려견 키우기, 게임 등 여가를 즐길 요소가 너무 많고, 네트워크의 발달로 함께할 친구를 만드는 것도 어렵지 않다. 이로 인해 일보다 여가 활동을 더 중요하게 여기는 여가 중심적인 사람들도 늘어나고 있다.

최근에는 공중파 TV나 OTT(Over-the-Top) 스트리밍 서비스에서도 다양한 여가 관련 콘텐츠가 인기를 끌고 있다. 특히 여행, 맛집, 골프 등의 프로그램은 꾸준히 큰 관심을 받으며, 〈나 혼자 산다〉 같은 프로그램을 통해 혼자서도 여가를 즐기며 행복하게 살아가는 모습이 자주 노출된다.

이렇게 여가의 즐거움이 중요한 사람들에게는 결혼이나 육아를 위한 노력이 그만큼 큰 부담으로 다가오며, 굳이 그 즐거움을 포기하면서까지 결혼이나 출산을 선택하지 않는 경향이 생기고 있다.

현대 사회의 많은 젊은 세대는 결혼과 출산을 인생의 필수적인 단계로 보지 않고, 선택의 문제로 여기고 있다. 자아실현과 개인의 행복을 더 중요하게 생각하는 경향이 강해지면서, 결혼하지 않고 독립적으로 살 수 있는 환경이 조성되면 결혼 자체를 포기하거나, 안정적인 삶을 살 수 있을 때까지 결혼을 미루기도 한다.

1992년 노벨경제학상을 수상한 미국의 경제학자 게리 베커는 이와 같은 현상을 오래전에 예측했다. 당시 그는 파격적인 학문적 접근으로 논란이 많았으나, 그의 '신가족경제학'은 현재 대한민국의 저출생과 인구 감소 현상을 설명하는 데 많은 통찰을 제공한다. 베커는 "인간은 비용과 편익의 관점에서 행동하며, 가족 내에서도 경제적 계산이 이루어진다"고 주장했다. 그는 자녀에게 얼마를 투자할 것인가를 비용편익적 관점에서 분석해야 하며, 소득이 높을수록 자녀의 수보다 질적 부분에 더 많은 투자를 하게 된다고 설명했다. 즉 소득 수준이 높아지면 출산율은 감소하고, 자녀 교육비는 증가한다는 것이다.

이는 현재 대한민국의 상황과 매우 유사하다. 대한민국처럼 고학력자가 많은 사회에서는 교육에 대한 투자가 매우 중요하며, 그 비용은 상상을 초월할 정도로 높다. 고학력자가 선택하는 직종과 그렇지 않은 직종 간의 소득 격차가 크기 때문에 교육 투자 비용에 대한 수익률 차이도 크다. 이로 인해 자녀 교육에 대한 투자가 급격히 증가하는 것이 저출생의 주요 요인으로 작용하고 있다.

대한민국의 저출생 위기는 해결할 수 있는 과제인가?

대한민국의 저출생 위기에는 앞서 언급한 요인들 외에도 다양한 복합적 요인이 작용하고 있다. 경제적인 불안, 높은 주거비와 교육비, 고용의 불안정성, 일과 여가생활 사이의 기회비용, 그리고 여전히 존재하는 직장 내 남녀 차별과 사회적 분위기 등이 결혼과 출산을 꺼리게 만드는 원인이다. 이러한 요인들이 비혼과 비출산이라는 새로운 결혼 문화를 형성하고 있다.

유엔인구기금(UNFPA)이 발간한 '2023 세계인구보고서'에서도 한국인이 아이를 낳지 않는 이유는 "출산을 원하지 않아서"가 아니라, "출산을 선택할 권리가 없어서"라고 지적하고 있다. 저출생 문제가 심화되는 이유는 젊은 세대가 아이를 낳고 싶지 않아서가 아니라, 아이를 낳아 키울 수 있는 환경이 제대로 마련되어 있지 않아 그 선택권이 사실상 박탈되었다는 의미다.

실제로 저출산고령사회위원회의 '2024년 결혼·출산·양육 인식조사' 결과를 보면 청년 세대의 이런 고민들이 반영되어 있는 듯하다. 미혼남녀 중 결혼 의향이 없는 경우는 22.8%로 나타났는데, 결혼을 기피하는 주된 이유로 남성은 결혼 비용, 신혼집 마련 등 경제적 부담을 꼽았고, 여성은 결혼에 따른 역할 부담을 꼽았다.

결혼 의향이 있지만 아직 미혼인 사유는 '적당한 상대를 아직 만나지 못했기 때문에'가 78.2%로 1위, '결혼에 필요한 자금을 더 모으고 하려고'가 75.5%로 2위, '결혼 후 일상생활이나 역할의 변화에 대한 불안감 때문에'가 54.2%로 3위, '지금은 다른 일에 더 열중하고 싶어서'가 42.9%로 4위, '아직은 일자리를 찾지 못했기 때문에'가 35.8%로 5위였다. 남녀 모두 결혼에 필요한 자금을 더 모은 다음에 하겠다고 응답한 비율이 높았으며, 여성은 결혼 후의 역할 변화에 대한 불안감이 남성보다 더 큰 것으로 나타났다. 연령대가 높아지면 '경제적 부담'보다는 '임자를 만나지 못해서'의 이유가 더 커지는 경향이 있으나, 결혼 후 일상생활이나 역할 변화에 따른 부담감은 나이를 불문하고 유사하게 나타났다.

한편 자녀가 없는 남녀의 32.6%(기혼 42.4%, 미혼 29.5%)만 '자녀 출산 계획이 있다'고 응답했는데, 그 외의 사람들이 출산 계획이 없거나 결정하지 못한 이유로는 '양육이 어려울 것 같다는 부담감, 양육비용 부담' 등이 높게 나타났다.

이러한 설문 결과를 종합해보면, 결혼 의향이 있는 청년들조차도 경제적인 이유로 결혼이 늦어지는 경우가 많다. 결혼 후에도 양육이 어렵고 비용 부담이 크기 때문에 출산을 미루게 되며, 시간이 지나면서 부부의 나이가 많아져 결국 출산을 아예 포기하는 상황이 발생할 수 있다. 이는 경제적 부담이 결혼과 출산을 계속해서 늦추는 악순환의 시나리오로 이어진다.

설문 결과, 응답자의 대부분은 주거와 일자리 등 '경제적 조건'과 '일·가정 양립 지원'이 개선되면 결혼과 출산에 대한 의향이 긍정적으로 바뀔 것이라고 응답했다. 여러 조건 중에서 남성은 경제적 조건의 개선을, 여성은 결혼 후에도 계속 일할 수 있는 환경을 더 중요하게 생각하는 것으로 나타났다.

청년들에게 대기업 정규직 일자리는 여전히 부족하고, 정규직과 비정규직의 격차는 여전히 크게 남아 있다. 정규직 일자리도 육아휴직을 장려하는 기업 문화가 자리 잡은 곳은 매우 드물다. 여기에 높아진 주거비와 어린이집, 유치원부터 시작되는 사교육비 부담, 맞벌이 부부에게 필수적인 육아 도우미 비용 및 학원비 등 현실적인 비용을 고려하면 출산을 고민하게 되는 것은 충분히 이해할 수 있는 상황이다.

따라서 저출생 위기를 극복할 근본적인 대책은 청년들이 결혼하고 아이를 낳아서 키워도 살 만한 환경, 결혼과 육아에 대한 비용 부담을 줄여주고 육아를 함으로써 생길 수 있는 역할 변화를 최소화할 수 있는 사회적인 환경을 만드는 것이다.

출산을 하면 경력이 단절된다는 두려움을 없애기 위해서는 국가의 지원을 확실하게 받을 수 있다는 신뢰가 중요하다. 따라서 경제적인 지원도 병행되어야 하겠지만, 결혼과 출산, 육아의 과정에 대한 인식이 긍정적으로 변하는 것이 더 중요하다. 자녀 출산이 곧 자신과 가족의 행복이라는 공식이 성립될 수 있는 긍정적인 육아 문화를 만들어야 한다.

한국의 저출생 문제를 해결하기 위한 해외 성공 사례

저출생 문제는 우리나라에서 매우 심각하지만 현대 사회 대부분의 국가에서도 사회적인 문제로 대두되고 있다. 따라서 이를 해결하기 위해 많은 국가들이 다양한 복지 정책을 도입하고 있다.

우리나라도 저출생 대응 예산을 크게 늘리며 결혼과 출산율을 높이기 위한 복지 정책을 추진하고 3차 저출산 기본계획에 청년 일자리와 주거 지원을 포함했음에도 혼인과 출산 건수는 감소하고 있다.

해외 저출생 정책을 살펴보면, 우리와 달리 양육자와 가족에게 초점을 맞춘 정책이 많다. 보건복지부의 '2022 통계로 보는 사회보장' 보고서에 따르면, 2020년 기준 한국의 가족 관련 공공 사회복지 지출은 국내 총생산(GDP) 대비 1.6%로, OECD 38개국 중 31위였다.

반면 합계출산율이 1.52명(2022년)인 스웨덴은 같은 항목에서 GDP 대비 3.4%이고 일본은 2.0%로 우리보다 훨씬 높다.

프랑스, 스웨덴, 독일 등 출산율이 높아진 국가들은 단순한 출산 장려 정책보다는 국가 차원의 가족, 평등, 아동을 지원하는 정책을 일관성 있게 추진해온 것을 알 수 있다.

프랑스는 유럽에서도 비교적 높은 출산율을 유지하는 국가로, 1993년에는 합계출산율이 1.66명으로 최저치를 기록했지만, 2010년에는 2.02명까지 올라갔고 최근에는 약 1.8명을 유지하고 있다. 프랑스는 세금 혜택과 자녀 수에 따른 보조금을 포함한 가족 지원 정책을 적극적으로 시행하고 있다. 특히 세 자녀 이상을 둔 가정에는 큰 혜택을 제공하며, 저렴한 보육시설과 질 높은 교육 프로그램을 통해 부모가 안심하고 자녀를 양육할 수 있도록 돕고 있다.

2021년 기준으로 프랑스는 영유아 보육 수당(PAJE: 출생, 입양, 기본, 육아분담, 보육 유형 자유선택 보조수당), 부양 자녀가 2명 이상인 가정 지원, 3명 이상의 자녀를 둔 가정 보충 수당, 장애아동 교육 수당, 신학기 수당, 자녀 간병 부모 일일 수당, 한부모 가족 지원 수당, 아동 사망 시 지급하는 수당, 주택 수당 등 총 9가지의 가족수당을 제공하고 있다. 또한 소득세 부과 시 '가족계수'를 고려해 자녀가 많은 가정일수록 더 많은 조세 감면 혜택을 받는다.

스웨덴은 합계출산율이 2명을 넘었던 시기도 있었지만, 1999년에는 1.50명으로 최저점을 기록했다. 이후 2010년에는 1.98명까지 올라갔으며, 최근에도 우리나라의 2배 이상을 유지하고 있다. 스웨덴은 양육자의 부담을 최소화하는 다양한 정책을 도입하고 있는데, 그중 대표적인 것이 '아빠 할당제'이다. 이 제도는 남성의 육아 참여를 장려하기 위해, 부모가 자녀 한 명당 12살이 될 때까지 최대 480일의 육아휴직을 사용할 수 있게 하고, 남성 부모가 할당된 만큼 사용하지 않으면 그 휴직일수는 자동으로 소멸되도록 했다. 첫 390일 동안은 상한액 내에서 급여의 90%를 받을 수 있으며, 이는 고용주가 부담하는 사회보장기여금과 일반 조세로 충당된다. 또한 사회보험 비적용자도 일반 재정으로 지원을 받을 수 있다. 부모는 자녀가 12세가 될 때까지 연간 최대 120일 동안 자녀 간호로 근무를 쉬고 급여의 80%를 받을 수 있으며, 가사도우미 서비스나 보모 고용 시 인건비의 50%를 세제 혜택으로 감면받을 수 있다. 16세 미만 자녀에게는 매월 아동수당이 지급되고, 자녀가 2명 이상일 경우 다자녀 가족 보조금도 추가로 지급된다.

독일은 2005년 합계출산율이 1.34명으로 낮았으나, 이후 꾸준히 상승해 2021년에는 1.58명으로 반등했다. 독일의 출산율 감소 원인은 여성의 사회활동 증가와 더불어 양육에 대한 전통적인 성 역할의 기대 때문이었다. 일과 가정의 양립이 어려워지면서 출산을 포기하는 여성이 많아졌다. 이에 독일 주정부는 일·가정 양립 정책에 중점을 두어 학생이 오후 4시까지 머무를 수 있는 '전일제 학교'를 확대했다. 2002년 16.3%였던 전일제 학교 비율은 2020년 71.5%로 증가했으며, 2030년 이후에는 모든 초등학교를 전일제로 운영할 계획이다. 또한 만 8세 미만 자녀를 둔 고용인에게 최대 36개월의 무급 휴직을 제공하고, 육아휴직 시 12개월 동안 순소득의 67%에 해당하는 부모 수당을 받을 수 있도록 했다. 아동수당은 가구 소득과 관계없이 만 18세까지 지급되며, 이는 우리나라에서 만 8세까지만 지원하는 것과 비교된다.

일본도 저출생 문제 해결을 위해 다양한 정책을 시도하고 있다. 자녀 출산과 양육에 따른 경제적 부담을 줄이기 위해 출산 장려금을 지급하고, 일과 가정의 양립을 돕기 위한 유연근무제와 재택근무를 장려하고 있다. 그러나 일본의 출산율은 크게 증가하지 않아 정책 효과가 제한적이라는 평가를 받고 있다.

우리나라도 저출생 위기 극복을 위한 다양한 정책을 펼치고 있지만 현재까지 큰 효과는 나타나지 않고 있으며, 인구 감소와 인구 구조 변화는 오히려 빠르게 진행되고 있다. 많은 국가가 큰 전략 없이 단순한 경제적 지원 정책을 시행했다가 실패한 사례를 보면 이러한 방식으로는 앞으로도 성공을 기대하기 어렵다.

출산율 증가에 성공한 해외 사례들처럼 우리나라도 단편적인 경제적 지원에 그치지 않고 저출생의 원인이 되는 부동산 문제, 교육 제도, 기업 문화, 가정 문화 등에서 유기적으로 시너지를 낼 수 있는 종합적인 방안을 고민해야 한다.

숫자가 먼저 경고하고 있는
지방 소멸 위기

저출생 문제의 주요 원인은 경제적 부담과 기회비용으로,
인구 감소와 지방 소멸 위기가 현실로 다가오고 있다.
기회를 제공하는 지역만이 소멸의 위기에서 벗어날 것이다.

대한민국의 지방 소멸 위기는 인구 2만 명 미만의 지역이 늘어나면서 가속화되고 있다. 특히 경상북도 영양군을 포함한 인구 2만 명 이하 지역에서는 공공 및 민간 인프라 제공이 어려워 지역 소멸 위험이 높아지고 있다.

2021년 우리 정부가 지정한 인구 감소지역은 89곳에 달하며, 한국고용정보원의 조사에 따르면 57%의 기초지자체가 소멸 위험 지역으로 분류되었다. 소멸 위험을 극복하려면 지방자치단체들이 지역별로 다양한 기회와 인프라를 마련해 인구 유입을 촉진할 필요가 있다.

대한민국의 지방이
빠르게 소멸하고 있다

시군구 기초자치단체에서는 인구 2만 명을 인구수의 마지노선으로 여긴다. 이 숫자가 무너지면 그 지역은 기능적으로 소멸할 가능성이 크기 때문이다. 지방자치법에는 인구 2만 명을 '시군구'보다 작은 행정 구역인 '읍'의 기준으로 두고 있다. 2만 명 정도의 인구수를 유지하지 못하는 시군구는 공공 인프라와 민간 서비스를 안정적으로 제공하기 어렵다고 보기 때문이다.

전국에서 섬 지역을 제외하고 인구가 가장 적은 지역은 경상북도 영양군으로 2023년 기준으로 15,661명의 인구수를 기록했다. 이 중 60세 이상의 고령인구는 8,436명으로 절반을 넘는 비중을 차지하고 있고 20세 미만 인구는 9%에 불과하다. 이곳에는 도시에서 흔히 볼 수 있는 기차역, 고속도로, 왕복 4차선 도로와 같은 인프라를 찾기 어렵다. 면적은 서울보다 1.3배나 더 크지만 군 전체에 초등학교가 8곳이고, 종합병원과 요양병원은 없으며 일반병원과 일반의원이 1곳씩 있다. 운행되는 버스는 단 14대뿐이다.

인구가 감소하면 공공 인프라가 무너지고 그 결과 인구는 더 줄어드는 악순환이 반복된다. 이것은 비단 영양군만의 일은 아니다.

대한민국의 지방이 소멸하고 있다. '지방이 사라진다'는 이 무서운 말은 이제 너무나 익숙해져 놀랍지도 않다. 수도권 어디를 가도 사람들로 붐비고, 휴일이면 관광지마다 인파로 가득하다. 연휴나 휴가철에는 인기 있는 숙소가 몇 달 전부터 예약이 끝나기 일쑤다. 이렇게 눈앞에서는 인구 감소나 지방 소멸의 위기가 체감되지 않지만, 숫자는 이미 경고의 메시지를 보내고 있다.

정부가 공식 지정한 '인구 감소지역'은 전국 228개 시군구 중 89곳

정부가 지정한 인구 감소지역이 있다. 인구 감소지역은 연평균 인구증감률, 인구밀도, 청년 순이동률, 주간 인구, 고령화 비율, 유소년 비율, 조출생률, 재정자립도 등 8개 지표를 바탕으로 선정되며, 5년마다 재지정될 계획이다.

2021년 기준 한국의 인구 감소지역은 총 89곳으로, 전체 228개 시군구 중 약 39%에 해당하며, 급격한 인구 감소로 인해 소멸 위기에 놓여 있다. 체계적인 행정·재정적 지원이 불가피하며, 인구 감소지수가 악화된 18개 관심지역을 포함하면 약 47%에 달한다.

인구 감소지역은 주로 농어촌과 소도시에서 집중적으로 발생하며, 전남과 경북 지역에서 특히 두드러진다. 이 두 지역에서는 각각 16곳, 15곳이 인구 감소지역으로 지정되었다. 수도권에서도 경기 가평군과 연천군, 인천 강화군과 옹진군이 포함되었으며, 제2의 도시인 부산에서도 동구, 서구, 영도구 3곳이, 대구에서는 남구와 서구, 군위군 3곳이다.

● 인구 감소지역 지정 결과(89개) ●

부산(3)	동구 서구 영도구
대구(3)	남구 서구 군위군
인천(2)	강화군 옹진군
경기(2)	가평군 연천군
강원(12)	고성군 삼척시 양구군 양양군 영월군 정선군 철원군 태백시 평창군 홍천군 화천군 횡성군
충북(6)	괴산군 단양군 보은군 영동군 옥천군 제천시
충남(9)	공주시 금산군 논산시 보령시 부여군 서천군 예산군 청양군 태안군
전북(10)	고창군 김제시 남원시 무주군 부안군 순창군 임실군 장수군 정읍시 진안군
전남(16)	강진군 고흥군 곡성군 구례군 담양군 보성군 신안군 영광군 영암군 완도군 장성군 장흥군 진도군 함평군 해남군 화순군
경북(15)	고령군 문경시 봉화군 상주시 성주군 안동시 영덕군 영양군 영주시 영천시 울릉군 울진군 의성군 청도군 청송군
경남(11)	거창군 고성군 남해군 밀양시 산청군 의령군 창녕군 하동군 함안군 함양군 합천군

(관심지역 18개) 대전 동구, 인천 동구, 부산 중구, 부산 금정구, 광주 동구, 경남 통영시, 강원 강릉시, 강원 동해시, 대전 중구, 경북 경주시, 경남 사천시, 경북 김천시, 대전 대덕구, 강원 인제군, 전북 익산시, 경기 동두천시, 강원 속초시, 경기 포천시

출처 : 행정안전부

마스다 산식으로 분류하면
전국 228곳 중 130곳이 소멸위험지역

대한민국에 베이비붐 세대가 있다면 일본에는 단카이(團塊) 세대 (1947~1949년생)가 있다. 이들은 일본 전체 인구의 5.4%를 차지하고 있고 대부분 은퇴를 했다.

일본의 70세 이상 인구 비율은 전체의 약 20%에 이르며, 이는 대한민국보다 앞서 인구 감소와 고령화 위기를 겪은 결과다. 2014년, 마스다 히로야 전 총무상이 주도한 일본 창성회의가 발표한 '마스다 보고서'를 통해 일본의 인구 감소 위기의 심각성이 본격적으로 드러났다.

'마스다 보고서'는 2040년까지 일본 지방자치단체의 절반인 896 곳이 사라질 수 있다는 경고를 담고 있다. 이 보고서에서 제시된 주요 지표는 '소멸위험지수'로, 20~39세 여성 인구수를 65세 이상 인구수로 나누어 계산한다. 젊은 여성 인구가 고령 인구보다 적으면 출산율 감소로 인해 소멸 가능성이 높다는 전제를 기반으로 한 것이다. 위험 지수는 5단계로 나뉘며, 0.5 이하일 경우 소멸 위험 지역으로 분류된다. 마스다 히로야는 이 지수를 통해 인구 구조를 변화시키지 못하면 소멸을 피하기 어렵다고 경고했다.

한국고용정보원에서 2023년 3월에 발간한 '지방소멸위험 지역의 최근 현황과 특징'이라는 보고서에서는 마스다 산식을 활용한 대한민국 소멸위험지역을 분석했는데, 그 결과가 충격적이다. 우리나라 기초지자체 228곳 중 57% 비중인 131곳이 소멸위험지역으로 분류된 것이다. 2002년에는 소멸위험지역이 4곳에 불과했는데, 매년 가파르게 증가해서 절반을 넘는 수준이 되었다.

지역소멸위험은 지방만이 아니라 대도시에서도 나타나고 있다. 17개 광역자치단체 중에서 지수가 0.5 이하인 위험지역은 8곳(47.1%)이나 되었고, 부산이 광역시에서 처음으로 소멸위험단계에 진입하게 되었다. 부산은 전체 인구 329만 명 중에서 65세 이상 인구는 23.0%에 달했고, 20~39세 여성 인구는 11.3%에 불과해 소멸위험지수는 0.49로 나타났다. 전체 기초지자체의 소멸위험지수 평균은 0.615인데, 2018년에는 0.91이었다는 점을 고려하면 머지않아 전체 평균이 0.5 이하인 소멸위험 국가로 진입하는 것은 시간문제다.

● K-지방 소멸 단계별 지역 수 ●

(단위 : %)

명칭		지방소멸지수	지역 수	비율
소멸무관		1.50 이상	15	6.6
소멸안심		1.25~1.50 미만	31	13.6
소멸예방		1.0~1.25 미만	66	28.9
소멸선제대응		0.75~1.0 미만	57	25.0
소멸위기	소멸우려	0.5~0.75 미만	50	21.9
	소멸위험	0.5 미만	9	3.9
소계			228	100

출처 : 산업연구원

그러나 소멸위험지수가 소멸 위기를 종합적으로 나타낼 수 있는 수치라고 보기에는 어려운 부분이 있다. 단순한 계산법은 출산 가능 인구가 많다고 해도 둘째 이상 낳는 비율이 낮으면 향후 인구가 감소할 수 있다는 점을 고려하지 못했고, 도시지역일수록 젊은 여성이 많을 수는 있지만 만혼이나 비혼, 출산 평균 나이가 높아지고 있다는 점도 간과하고 있다.

실제로 젊은 여성의 비중이 상대적으로 높은 수도권에서 합계출산율이 오히려 낮게 나타났다. 젊은 여성이 가장 많은 서울시의 2023년 합계출산율은 0.55명으로 전국 17개 광역지자체 중 가장 낮다.

K-지방소멸지수로 분류하면
전국 228곳 중 59곳이 소멸위험지역

마스다의 소멸위험지수는 인구 재생산력의 자연적 요인을 근거로 삼고 있지만, 대한민국의 경우는 출산율뿐만 아니라 인구 이동이라는 사회적 요인에 크게 영향을 받고 있다.

산업연구원은 'K-지방소멸지수 개발과 정책과제'라는 보고서를 통해 이를 보완한 'K-지방소멸지수'를 산출했다. K-지방소멸지수는 단순히 인구가 어떤 비중으로 구성되었는지보다는 1인당 연구개발비, 산업의 다양성, 지식산업 산업체, 종사자 수, 1인당 소득수준,

인구 증감률 등 6개 경제 지표를 측정해 전국 평균을 1로 두고 비교하는 방식으로 지수를 산출했다.

지역경제 선순환 메커니즘을 기반으로 K-지방소멸지수를 도출한 결과, 전국에서 지방 소멸 위험도가 가장 높아 소멸 위기에 있는 지역은 총 59곳으로 나타났다. 이 중 전국 평균의 50~75% 수준에 해당하는 소멸우려지역이 50곳으로 전국의 21.9%를 차지하고 있고, 50% 미만에 해당하는 소멸위험지역이 9곳이다.

이 보고서에 따르면 노무현 정부 이후 지역균형발전 정책이 본격적으로 추진되었지만 수도권 집중 현상은 더욱 심화되고 있다. 지역 내 총생산(GRDP)은 2015년에 수도권이 비수도권을 넘어서는 역전 현상이 발생한 이후 격차는 더욱 확대되고 있으며, 매년 6~8%의 비수도권 지역 내 총생산이 수도권으로 유출되고 있다.

2017년부터는 수도권 취업자 비중이 비수도권보다 많아졌고, 임금 수준도 수도권이 더 높아 양질의 일자리가 수도권에서 창출되는 것으로 나타났다. 국토 전체의 11.8%에 불과한 수도권으로 88.2%의 소득과 일자리, 인구가 몰리고 있는 것이다.

K-지방소멸지수에 의한 소멸위기지역으로 분류된 59개 지역 중에서 마스다 산식에 의한 지방소멸위험지역 88개 지역과는 55곳이 같은 지역으로 나타났고, 행정안전부의 인구 감소 89개 지역과는 55곳이 같은 지역으로 62%의 중복률을 보였다.

이처럼 숫자와 통계를 보면 지방 소멸의 위기는 더욱 명확해진다.

전체 228곳의 기초지자체 중에서 행정안전부는 89곳의 지자체를 인구 감소지역으로 지정했고, 한국고용정보원이 분석한 소멸위험지수는 130곳이 소멸 위기 판정을 받았다. 산업연구원이 지역 경제 인프라를 따져서 분석한 K-소멸위험지수는 당장 소멸 위기에 있거나 곧 소멸 위기가 우려되는 지역을 합하면 116곳에 달하게 된다.

이런 급격한 인구 감소는 특히 농어촌과 중소도시를 포함한 지방에서 그 심각성이 더 커지고 있다. 경제적인 후퇴와 고령화, 인프라 축소 등 다양한 문제를 겪고 있으며, 그로 인한 지역 사회의 활력과 미래에 대한 불안이 커지고 있다.

인구 감소와 고령화는 전 세계적으로 나타나는 현상이지만 모든 지역에 동일한 영향을 미치지는 않는다. '지방 소멸'이라는 용어가 시사하듯, 지역마다 그 영향력은 크게 다를 수 있다. 전체 인구가 감소하는 상황에서 인구 이동은 유출과 유입 도시의 사회적·경제적·문화적 변화를 촉발하며, 그에 따라 도시는 발전하거나 소멸할 수 있다.

인구 증가를 위한 큰 틀의 정책은 정부의 역할이지만, 각 지역이 생존을 위한 '치킨게임'처럼 인구를 유입시키는 다양한 전략을 세우고 실행하는 것은 지방자치단체의 몫이다. 사람들이 어떤 이유로 도시를 이동하는지에 대한 깊이 있는 고민이 필요한 시점이다.

하버드대학교의 도시경제학자 에드워드 글레이저 교수는 그의 저서 『도시의 승리(Triumph of the City)』에서 사람들이 농촌에서 도시로 이동하는 이유를 다음과 같이 설명하고 있다. "도시는 사람들을 가까이 모이게 하고 상호작용을 촉진해 지식과 아이디어의 교환을 활발하게 만든다. 이러한 교류는 혁신을 촉진하고 경제적 기회를 창출하며, 더 나은 일자리와 교육, 문화적 혜택을 제공하기 때문에 사람들은 도시로 모이게 된다." 글레이저는 도시가 생산성과 창의성을 높이는 환경을 제공하며, 이것이 사람들이 도시로 이동하는 주요한 이유라고 설명한다. "전 세계의 가난한 지역들에서, 도시들은 엄청나게 확대되고 있다. 이는 밀집된 도시공간이 빈곤에서 벗어나 번영에 이를 수 있는 기회를 제공하기 때문이다."

대한민국의 지방은 더 이상 생계 문제로 어려움을 겪는 것은 아니지만, 그럼에도 불구하고 소멸 위기에 처해 있다. 핵심은 '기회'다. 사람들에게 어떤 기회를 제공하느냐에 따라, 소멸 위기로 내몰린 수많은 지역들이 사라질지 아니면 새로운 번영의 길을 찾을지 결정될 것이다. 기회의 유무가 지방의 미래를 좌우하는 중요한 변수로 작용하고 있다.

PART 4

인구 감소가
지방 부동산에
미치는 영향

인구 감소와 고령화는 경제활동 인구수와 비중을 낮추며 사회적 비용 부담을 증가시킨다. 이는 정치, 경제, 사회, 문화 등 다양한 분야에 변화를 가져온다. 자산 시장에 있어서는 노인 빈곤층의 비중도 높지만, 60년대 생이 은퇴를 하기 시작하면서 높은 교육 수준과 자산을 가진 신(新)노년 세대가 등장하기 시작했다. 이들은 경제적·사회적 주도권을 갖고 자산 시장의 흐름을 주도하면서 형성된 자산을 수도권 중심으로 재편성한다. 대도시 중심의 '인구의 블랙홀' 현상으로 지방 자치단체들은 인구 유입을 위해 생활 인구 개념을 활용한 다양한 정책을 추진하고 있다. 제로섬 게 임이 되지 않으려면 각 지역 고유의 매력을 살린 차별화가 필요하다.

인구 감소 원인이 저출생이라면
그 결과는 고령화

저출생으로 인한 인구 감소는 결국 고령화를 앞당기고,
이는 우리 사회의 각 분야에 악영향을 미친다.
출산 장려 정책뿐 아니라 초고령화 사회에 대비한 대책이 필수적이다.

대한민국은 저출생과 인구 감소로 인해 고령화가 빠르게 진행되면서 사회 각 분야에 영향을 주고 있다. 출산율 감소는 인구구조 변화를 가속화하며, 초고령화 사회에 대한 대비가 시급하다. 고령화가 진행됨에 따라 경제활동 인구가 줄고 복지 지출이 증가해 국가 재정에 부담이 커지고 있다.

이미 일본과 독일 등에서는 노인을 숙련된 노동력으로 인식하고 재취업과 유연 근무 제도를 도입해 고령자 고용을 확대하고 있다. 대한민국도 고령자의 경제활동 참여를 늘리고, 의료비 부담을 줄이며, 세대 간 협력을 통한 상생의 사회 구조를 마련할 필요가 있다.

저출생으로 인한 인구 감소, 결국엔 고령화로 귀결된다

인구 감소로 인한 인구구조 변화는 이미 우리 사회의 각 분야에 영향을 주고 있다. 저출생으로 인한 인구 감소는 고령화로 이어지기 때문에 출산을 장려하는 정책도 필요하지만, 초고령화 사회가 되었을 때의 대비책도 매우 중요하다.

통계적으로 봤을 때 0.72명이라는 다소 충격적인 합계출산율이 이슈가 되면서 인구와 관련된 정책적 지원은 대부분은 결혼과 출생에 초점이 맞춰져 있었다. 2016년부터 빠르게 감소하고 있는 출산율과 2명이 결혼해 다음 세대가 0.72명이 된다는 것은 너무나 명확하게 위기로 느껴지기 때문이다.

반면 2018년에 고령화 사회로 진입한 후 2024년 12월에는 초고령화 사회로 진입했지만 아직까지는 저출생 대책과 비교했을 때 고령화에 대한 대책은 상대적으로 후순위가 되고 있다. 고령화 사회란 국제연합(UN)이 정한 기준에 따라 65세 이상 노인 인구 비중이 전체 인구의 7% 이상을 차지하는 사회를 말하고 20% 이상이 되면 초고령 사회로 분류된다.

네이버 어린이백과에서는 고령화 사회를 이렇게 설명하고 있다.

"내 친구 철수는 외동아들이야. 그런데 철수 아빠도 외동아들이고, 엄마도 외동딸이시래. 그래서 철수네는 친할아버지와 친할머니,

- **1960년대 인구 정책 표어**

  덮어놓고 낳다 보면 거지꼴을 못 면한다

  우리집 부강은 가족계획으로부터

- **1970년대 인구 정책 표어**

  하루 앞선 가족계획, 십 년 앞선 생활 안정

  딸·아들 구별 말고, 둘만 낳아 잘 기르자

- **1980년대 인구 정책 표어**

  둘도 많다 하나 낳고 알뜰살뜰

  무서운 핵폭발 더 무서운 인구폭발

- **2000년대 인구 정책 표어**

  자녀에게 가장 큰 선물은 동생입니다

  자녀에게 물려줄 최고의 유산은 형제입니다

그리고 외할아버지와 외할머니, 이렇게 노인이 네 분이셔. 아이는 철수 하나뿐이고. 철수네 조부모님들은 모두 건강하시기 때문에 철수가 커서 결혼할 때까지도 살아계실 것 같아. 그런데 만약에 철수가 철수처럼 외동딸인 영희를 만나서 결혼을 하고, 아이를 딱 한 명만 낳으면 어떻게 될까? 철수네 집엔 아이는 한 명이지만, 노인은 열두 명이 되겠지. 철수 엄마 아빠와 영희 엄마 아빠도 그때쯤은 노인이 되셨을 테니까."

현대 사회에서 흔히 있을 법한 예화임에도 불구하고 아이 한 명에 노인 12명이라니 기괴하게 느껴질 정도로 이상한 이야기다. 지금 보면 상상하기 어려운 1960년대부터 1980년대까지의 산아제한 정책 표어들을 보면 자업자득이라는 생각과 함께 정책의 중요성에 대해 새삼 실감이 된다.

정책의 중요성,
"당신의 자녀는 사회적 재배치되었습니다!"

이런 산아제한 정책은 중국에 비하면 귀여운 수준이다. 대한민국 못지않게 빠르게 인구 감소와 고령화를 겪고 있는 중국은 법적으로 한 가정당 한 명의 아이만 낳을 수 있었다. 이에 따라 부모의 과잉보호가 너무나 심해 이렇게 큰 아이들은 스스로 할 수 있는 것이 없을 정도로 황제처럼 자라서 '소황제'라고 불린다.

중국은 수십 년간 한 자녀 정책을 고수하다가 2016년 2자녀 정책을 시행한 데 이어 2021년 3명까지 허용해 사실상 산아제한을 폐지했다. 중국의 산아제한 정책은 강제성을 가지고 있었는데 얼마나 철저하게 지켜졌는지 끔찍한 수준이었다.

30여 년 전 초과 출산한 중국인 부부가 자녀를 관료로부터 빼앗

구분	한국	일본	중국
고령화 사회 진입시기	2018년	1995년	2021년
초고령화 사회 진입시기	2024년	2007년	2035년 전망
합계출산율(2023년)	0.72명	1.20명	1.0명

● 한일·중 저출생 고령화 동향 ●

출처 : 일본국립사회보장·인구문제연구소

겨 현지 당국에 아동 인신매매 의혹을 제기하는 청원을 넣었다. 정부로부터 돌아온 답변은 "당신의 자녀는 '사회조제(社會調剤, 사회적 재배치)'된 것이다. 아동 인신매매 혐의는 존재하지 않는다"였다. 사회조제란 초과 출산된 아동들이 마치 상품처럼 사회 곳곳에 재배치되었다는 뜻이다. 당시 중국 지방 공무원들은 강제로 빼앗은 초과 출산된 아동들을 사회복지원이나 자녀가 없는 가정에 돈을 받고 넘긴 것으로 알려졌다.

생명은 너무나 고귀한 것으로, 인간이 마음대로 할 수 있는 것이 아니다. 결혼한 가정에게 새 생명이 탄생하는 것은 신이 주신 축복이고 몇 명을 낳아서 키울지는 부모가 가정의 형편에 따라 계획을 세울 수는 있지만, 국가에서 한 가정당 몇 명을 낳을지 정책적으로 숫자를 정해줄 일은 아니다. 그것을 마음대로 통제할 수 있다는 정책적인 오만함이 급격한 인구 감소와 빠르게 늙어가는 국가를 만들고 있다.

앞으로 가속화될 초고령화 시대가
우리에게 미치는 영향

대한민국이 2024년에 초고령화 사회로 진입하게 되면서 저출생 위주 정책의 무게 중심이 고령화 쪽으로 기울어질 것으로 예상된다. 1955년부터 1963년 사이에 태어난 베이비붐 세대의 상징인 58년 개띠가 2023년 경제활동인구에서 피부양인구로 그 신분이 바뀌었고 2020년부터 시작된 1차 베이비붐 세대가 2028년까지 한 해에 60만~90만 명대의 노인 세대로 진입한다.

베이비붐 세대의 고령화는 당장 경제활동인구(15~64세)에도 커다란 구멍을 낸다. 1차 베이비부머가 빠져나가는 자리에 어린 2005~2013년생이 순차적으로 들어오게 되는데 이들을 다 합쳐도 약 410만 명 정도로 1차 베이비붐의 인구와 비교하면 절반보다 조금 많은 수준이다. 여기에 약 635만 명인 2차 베이비붐(1968~1974년생) 세대도 줄지어 노인 세대에 진입하게 된다.

지금까지는 고령화 사회로의 변화가 더디게 느껴졌을지도 모르겠지만, 앞으로는 저출생 못지않게 빠르게 진행될 것이기 때문에 대한민국 사회에서 인구구조 변화의 우선 순위로 저출생과 고령화를 모두 살펴야 할 것이다.

초고령화 사회는 가족, 교육, 문화, 미디어, 과학(의학), 경제, 정부 등 각 분야에서 다양한 영향을 미치게 될 것이다.

가장 많이 태어난 해		현재 가장 인구가 많은 해	
1960년	108만 535명	1971년	92만 8,584명
1961년	104만 6,086명	1968년	90만 8,334명
1969년	104만 4,943명	1969년	90만 7,461명
1968년	104만 3,321명	1970년	90만 3,162명
1962년	103만 6,659명	1960년	89만 560명

출처 : 통계청, 세계은행 등

경제적인 측면에서 가장 큰 변화는 경제 성장률의 감소가 될 것이다. 경제 성장률은 인구와 생산성으로 결정되기 때문이다. 인구가 감소하면 생산 가능 인구와 소비자 수가 줄어들면서 경제 활동이 줄어들게 된다. 생산성이 증가하면 경제 성장률을 높일 수 있으나, 고령화는 생산성을 낮추는 요인이 된다.

또한 복지 부담이 증가하게 된다. 고령화 사회에서는 의료비와 연금 등 복지 지출이 증가하기 때문이다. 대한민국의 의료비 지출은 2023년 기준 GDP의 9.7%를 차지했다. 이는 OECD 평균보다 약간 높은 수치이며 고령화가 급격하게 진행되면서 의료비 지출이 꾸준히 늘고 있는데 앞으로 증가 속도는 더 빨라질 것이다. 특히 65세 이상 인구의 의료비 지출은 65세 미만보다 4배 이상 높게 나타났다.

고령화로 인해 노인 세대가 증가하면서 국가 재정에서 차지하는 연금 지출의 비중도 커지고 있다. 복지에 사용되는 지출이 증가하면 정부 예산 부담이 커지고 세금과 국채도 증가한다. 이는 국가 재정 건전성을 악화시키고 경제 활동에 부담을 주며 장기적으로는 경제 성장률을 낮추게 된다. 또한 소득 분배의 악화, 저소득·저저축·저소비의 악순환, 부동산시장 불안정, 금융 시장 위축 등 다양한 경제 문제들이 나타날 수 있다.

초고령화 시대를 맞은 대한민국, 정말 해답은 없을까?

대한민국의 노인 빈곤층 비율(65세 이상 인구 중 상대적 빈곤 상태에 있는 비율)은 2023년 기준으로 38.1%로 OECD 국가들 중에서 가장 높은 수준을 기록하고 있다. 평균 소득의 절반 미만으로 생활하는 노인들이 많다는 것인데 남성 노인의 31.2%, 여성 노인의 43.4%에 이에 해당되며 심각한 사회 문제로 대두되고 있다.

노인 빈곤층은 청년과는 달라서 경제활동을 하고 싶어도 기회가 없다. 같은 65세라고 해도 사람에 따라서 건강, 지식, 기술 등의 차이가 있는데 노인의 고용을 반기지 않는 사회 분위기 속에서 제도적인 장치가 없다면 빈곤을 해결할 방법은 없는 것이다. 그렇다고 무작정 연금이나 사회보장 제도를 활용하기에는 저출생으로 세금을 낼 사람이 줄어드는 것을 고려하면 정부의 재정에도 한계가 있다.

우리나라보다 먼저 고령화 시대를 겪고 있는 국가들은 노인 인구를 더 이상 일하기 어려운 존재가 아닌 숙련된 노동자로 인식을 바꾸고 있다. 경제활동인구가 줄어들면 국가의 성장에는 한계가 있을 수밖에 없고 노인 빈곤 문제를 해결하기도 어렵다는 판단 때문이다. 일본, 독일, 싱가포르 등에서는 퇴직자나 고령 실업자들을 재취업시켜서 노동력을 확보하고 노후 경제 환경을 조성할 수 있도록 하는 법과 제도적인 지원이 마련되고 있다. 또한 노인 세대와 젊은 세대를 아우르는 커뮤니티 형성도 적극적으로 지원해서 노인들이 사회에서 소외되지 않도록 하고 있다.

일본 경제재정자문회의에서는 고령자의 기준을 현행 65세에서 70세로 상향 조정해야 한다는 재계 관계자의 제안이 나왔다. 생산가능인구 감소에 따라 모든 세대의 생산성을 높일 필요가 있다고 언급하는 과정에서 이 같은 의견을 냈다.

일본의 65세 이상 고령자는 지난해 9월 기준 3,623만 명으로, 전체 인구의 29.1%를 차지했다. 총인구 중 고령자 비율은 세계에서 가장 높은 수준이다. 건강한 고령자가 늘면서 65세 이후에도 일하는 인구가 증가하는 추세다. 일본은 65세 이상을 기준으로 각종 사회보장제도를 적용하고 있다. 노령 기초연금(국민연금) 수령, 간호보험 서비스 이용, 대중교통 요금 할인 등이다. 고령자 기준이 올라가면 혜택을 받는 연령도 70세 이상으로 높아져 정부에 재정적 여유가 생길 것이라는 전망이다.

30년 안에 세계 최고의 고령화 시대를 겪게 될 대한민국도 다양한 분야의 대비책이 필요하다. 타국의 사례처럼 고령자도 경제활동을 지속할 수 있도록 재교육 프로그램이나 기술 훈련을 강화하고 유연 근무 제도와 파트타임 일자리를 제공해 노동 시장에서의 기회를 확대할 수 있어야 한다.

최근에는 일본처럼 사회 곳곳에 노인들이 일하는 모습들을 자주 볼 수 있게 된 것 같다. 기차역 내에서의 안내나 공연장에서 길 안내 등과 같은 과거에는 대학생들이 했을 법한 자리를 고령자로 대체한 모습들이 많이 발견되는데 더욱 다양한 분야에서 고령자의 고용 창출이 일어나야 할 것이다. 기존 연금 제도를 개혁해 재정의 지속 가능성을 확보하고 고령자에게 안정적인 소득을 제공하는 제도 개선도 필요하다. 또한 개인연금 등 자산관리에 대한 지속적인 교육도 매우 중요하다.

고령자들을 위한 의료 서비스의 질을 높이고 접근성을 개선하는 것도 중요하다. 고령 인구의 증가로 발생하는 의료비 부담을 줄이기 위해 예방 의료와 건강 증진 프로그램 강화로 건강하게 오래 살 수 있는 선행 교육이 필요하다. 앞으로는 간병을 해줄 자녀도 없을 가능성이 높기 때문에 이를 대체할 시스템도 필요하다. 인공지능(AI), 로봇 기술, 자동화 등 기술 발전을 통해 고령화로 인한 노동력 부족을 보완할 수 있고, 노인 돌봄 로봇이나 간병 로봇 개발, 원격 의료 시스템 개발도 가속화되어야 할 것이다.

　세대 간 협력과 연대를 강화하는 것도 매우 중요하다. 노인이 지식을 공유하고 젊은 세대가 디지털 기술을 가르치는 프로그램 등을 통해 서로 상생할 수 있다. 이러한 전략들은 사회적, 경제적 구조의 변화와 함께 다각도로 접근해야 초고령화 사회의 문제를 해결할 수 있다.

고령자 양극화가
부동산시장에 미치는 영향

높은 교육 수준과 자산을 가진 신노년 세대가 주도권을 쥐고 있다.
자녀에게 든든한 집 한 채를 마련해주려는 '부모 찬스'는
우리나라 부동산시장에 상당히 큰 영향을 미치고 있다.

대한민국의 '신(新)노년 세대'는 자산 관리에 있어서 과거의 세대와
는 다른 세대다. 그들은 적극적으로 자기 관리와 사회 활동을 이어
가며 부동산시장에서도 중요한 역할을 하고 있다.

58년 개띠를 포함한 베이비붐 세대는 높은 교육 수준과 경제 성
장기에 자산을 축적한 경험이 있어, 은퇴 후에도 지혜롭고 전략적으
로 자산 관리를 하고 있다. 이들은 세금과 증여에 대한 이해가 깊고,
자녀의 주택 마련을 돕기 위해 비과세 증여와 무이자 차용 등의 방
안을 활용한다. 이에 따라 수도권 중심의 주택 수요가 증가하고, 새
로운 자산 구조 재편을 통한 부동산시장의 변화가 예상된다.

과거에 생각했던 노인과는 다른, 노인 같지 않은 신노년 세대

대한민국 사회에서 '노인'이라는 말은 단순히 나이 많은 사람이란 중립적인 의미뿐만 아니라 '경륜과 지혜를 가진 존경할 만한 사람'이라는 긍정적인 의미로 사용되었다. 세종대왕 때는 80세가 되면 양반과 서민 구분 없이 궁궐에 초대해서 양로연을 베풀고 '노인직'이라는 역할 없는 관직을 부여하는 전통이 있었다.

그런데 현대 사회에서 '노인'은 나이가 많아서 허약하고 능력 없고 고집 세고 사회적으로 부담이 되는 존재라는 다소 부정적인 단어로 인식되는 것 같다.

그러나 앞으로는 '노인'이라는 말이 다시 긍정적인 의미로 변할 가능성이 있다. "요즘 노인들은 노인 같지 않아"라는 말을 들어봤을 것이다. 카페에 가면 고상하게 차려 입고 생기발랄하게 수다를 떠는 노인들을 종종 볼 수 있고, 헬스장에는 청년 못지않은 정정하고 탄탄한 몸을 가진 노인들이 눈에 띈다.

인터넷 기사와 유튜브를 통해 부동산과 관련된 공부를 열심히 하고 질문할 것들을 꼼꼼하게 정리해서 오는 70세의 노인 고객들의 모습을 종종 본다. 이런 모습을 보면 '노인'에 대한 시각을 달리하게 될 수밖에 없다.

65세가 넘었다고 해서 모든 노인들이 신체나 정신적으로 나이가

드는 것은 아니다. 개인의 건강상태나 자기관리, 마인드에 따라서 신체와 정신, 경제력, 사회적 활동 범위와 영향력은 천차만별이다.

2023년은 그 유명한 58년 개띠가 65세(만 나이 기준)가 된 해다. 대한민국 인구와 경제가 쑥쑥 성장만 하던 시기에 태어났던 58년 개띠는 1차 베이비붐 세대(1955~1963년)를 대표하는 고유 명사가 되었다.

2023년에 0.72명인 합계출산율이 당시에는 6명이 넘어서 1958년에 태어난 인구는 99만 3,628명이다. 이들이 상급 학교에 진학할 때 고교 평준화, 일명 뺑뺑이가 되어서 대학 진학률이 높아졌고 이후 사회생활을 시작할 때는 '3저 호황'이라는 대한민국 역사상 최고의 호경기에서 일했던 경험이 있다.

한국 경제의 성장기에 한창 일할 나이로 그 시대를 주도했던 58년 개띠의 세대가 바뀔 때마다 자산과 소비 시장에는 큰 변화가 있었다. 이런 그들이 노인이 되었고, 2025년 이후에는 1960년대생이 차례대로 노인 세대에 진입하게 된다.

과거에 생각했던 노인과는 다른, 노인 같지 않은 신노년 세대가 등장하게 된 것이다. 이들은 교육 수준이 높고 다양한 사회 활동 경험을 가지고 있으며, 자기 관리를 잘하는 사람들이다. 어느 세대보다도 자산 축적의 기회가 많았던 축복받은 세대가 이제 65세 이상의 노인이 되고 있다.

고령자도 초양극화, 부동산시장을 주도할 신노년 세대의 등장

최근 금융권과 법무 및 회계법인 등 자산관리 각 분야에서 가업승계가 인기다. 가업승계란 기업을 후계자에게 물려주는 일이다. 인터넷에서 가업승계를 검색하면 '기업이 동일성을 유지하면서 소유권이나 경영권을 후계자에게 넘겨주는 것이다'라는 설명을 하고 있다. 그런데 현실에서는 가업승계를 상속·증여와 혼동해서 사용되는 일이 많다.

글로벌 산업은 3차 산업인 정보통신 기술을 지나 인공지능, 로봇, 메타버스 등 4차 산업혁명을 향해 나아가고 있는데 대한민국의 가업승계 대상이 되는 기업들은 대부분 아직 2차 산업에 머물러 있다. 따라서 기업의 동일성을 유지하면서 가업승계를 하는 사례는 점점 줄어드는 대신 축적된 자산을 합법적으로 절세하면서 자녀 세대에게 적절하게 분배하는 자산승계를 하는 경우가 늘어나고 있다.

필자도 개인 고객을 대상으로 상담을 하다 보면 이런 종류의 상담을 종종 하게 된다. 자산가들의 대부분이 부동산을 통해서 부를 증식한 경험이 많고, 그러다 보니 자연스럽게 자산의 대부분이 부동산으로 형성되어 있기 때문이다. 또한 최근 들어서 수도권 부동산 가격 급등과 세제 강화로 부동산 자산 이전에 대한 고민은 깊어지고 있는 추세다.

그런데 분명히 같은 노년 세대 고객의 상담인데 과거와 최근의 고객은 확연히 다르다. 불과 십여 년 사이에 이렇게 다를 수 있나 싶을 정도로 고객들의 지식 수준과 태도가 급변했다.

예를 들어 과거에는 노년세대 고객에게 증여라는 단어를 먼저 꺼내는 것이 조심스러웠다. 증여를 빨리하는 것이 세금적인 측면에서 아무리 유리할지라도 증여하라는 말은 죽음을 연상시키기 때문에 부정적인 감정을 느끼게 만들기 때문이다. 그리고 한편으로는 어렵게 모은 자산인데 자식들 하는 거 봐서 고객 자신이 결정하는 것이지 누가 옆에서 하라 말라 하는 것 자체가 선을 넘는 말이라고 생각했던 것 같기도 하다.

그런데 신노년 세대 고객은 다르다. 주변에서 상속세 폭탄을 맞는 것도 목격하고 본인도 살아오면서 소득세나 재산세, 종부세, 의료보험까지 생각하지도 못했던 비용들을 많이 낸 경험들이 생각의 변화를 가져온 것 같다. 그리고 교육과 지식 수준이 높은 신노년 세대 고객은 무작정 만나서 뭐라고 하는지 일단 들어나보자 하는 태도로 오지 않는다. 인터넷 기사와 유튜브 등을 섭렵해 공부를 한 후에 다양한 금융권 전문가들에게 상담을 받으면서 전략을 세운다. 온라인상에서 습득한 지식들은 다양한 의견을 들을 수 있다는 장점이 있지만 그 안에서 옥석을 가려야 한다는 단점도 있다. 사실과 다른 의견을 따르고 실행했다가 수억 원의 세금을 더 내는 경우도 있기 때문이다. 무엇이 맞고 틀린지의 팩트 체크를 위해 금융권 전문가를 활용한다. 진짜 답을 향해 가지치기를 하고 다른 곳에서는 듣지 못한 새로운 의견은 없는지를 확인하면서 최종 전략을 세우는 것이다.

확 달라진 신노년 세대에 의해서 부동산시장도 큰 영향을 받고 있다. 부동산 가격 상승기와 하락기를 모두 겪으면서 부동산 자산을 불려온 이들은 자녀 세대보다 대한민국 부동산을 더 잘 안다. 돈으로도 살 수 없는 경험을 한 덕분에 대한민국 부동산이라는 자산의 특성과 그 흐름을 잘 이해하는 것이다.

대한민국 부동산의 핵심은 입지라고 했다. 특히나 최근처럼 인구 감소, 지방소멸을 외치는 시대에 입지의 중요성은 더욱 부각될 것이라고 생각한다.

강력한 영향력을 가진 신노년 세대가 연금을 받기 시작하면서 본인이 축적했던 자산의 포트폴리오를 본격 재구성하기 시작했다.

부동산 자산의 옥석을 가려서 본인이 여생을 보내거나 월세로 활용할 수 있는 부동산을 남기고 정리를 하는데 이 과정에서 자녀에게 큰 부담이 되지 않을 정도의 상속 자산을 제외하고는 처분을 하거나 사전 증여를 하는 일들이 일어난다. 정책에 의해 부각되었던 '똑똑한 한 채'는 상속세 폭탄을 예방하고 자산을 슬림화하려는 전략과도 부합하면서 갈아타기 수요와 3040세대 수요를 생성해낸다.

글로벌 경제나 대한민국의 급격한 인구구조 변화, 정부 정책 등 자산 시장에 영향을 미치는 모든 요인의 불확실성이 커지다 보니 자산 여력이 있는 신노년 세대는 자녀에게 확실한 집 한 채를 마련하는 데 최대한의 지원을 해서 자녀의 삶에 안전장치를 해주고 싶어 한다.

이런 신노년 세대와 자녀 세대의 니즈로 인해 최근 예비부부 또는 신혼부부에게 유행했던 주택 매입 자금 마련 전략이 있다. 합법적인 선 안에서 최대의 증여와 차용을 활용하는 방식이다.

많이 알고 있는 것처럼 성인 자녀에게 증여세 없이 증여할 수 있는 최대의 금액은 5천만 원이다. 그리고 2024년부터 혼인·출산에 따른 증여 공제가 신설되었는데 혼인신고일을 전후해서 각 2년 내의 신혼부부 또는 자녀의 출생일로부터 2년 이내인 사람은 부모에게서 1억 원까지 비과세로 추가 증여를 받을 수 있게 되었다. 이렇게 되면 부부가 각각 1억 5천만 원, 합하면 3억 원까지는 세금 없이 증여받을 수 있다.

세법은 가족 간 편법 증여를 막기 위해서 금전소비대차를 원칙적으로는 인정하지 않는데 일정한 형식을 갖추고 법정 이자율 이상의 이자를 지급하면 증여가 아닌 것으로 봐준다. 이자를 법정 이자보다 낮게 내거나 무이자로 돈을 빌려줄 때는 이자에 대해서 증여세를 부과하는데 덜 낸 이자가 연간 1천만 원을 넘지 않으면 세금을 매기지 않는다. 이를 역산하면 2억 1,700만 원이다. 이 금액까지는 무이자로 돈을 빌려줘도 증여세를 과세하지 않기 때문에 부부가 각각 약 2억 원, 합하면 4억 원까지는 부모에게 무이자로 차용할 수 있게 된다.

결론적으로 자산 여력이 있는 신노년 세대는 양가 합해서 7억 원까지 주택 매입 자금을 세금이나 이자 없이 마련해줄 수 있게 된다.

나머지는 자녀의 소득과 형편에 따라서 주택담보대출을 받거나 증여세를 더 내면서 추가 증여를 받아 주택을 구입하게 된다. 참고로 연봉이 1억 원인 경우 다른 대출이 없다면 주택담보대출은 약 6억 원 이상 나온다. 대기업 맞벌이 부부라면 합쳐서 주택담보대출 12억 원과 부모 찬스 7억 원을 더해 약 19억 원의 주택을 구입할 수 있게 된다.

실제로 혼인·출산 증여 공제가 신설되었던 2024년에 이 정도 금액대의 아파트가 밀집된 소위 마용성(마포·용산·성동구) 지역 아파트 거래가 서울 주택시장 상승세를 견인했다. 강남3구는 아니지만 그 다음으로 높은 가격이 형성된 지역, 강남과 도심 모두 가까워서 출퇴근이 용이하고 한강을 조망할 수 있는 위치, 3040세대들이 많이 모여 살아서 커뮤니티가 잘 형성된 단지들이 즐비한 곳이란 조건을 갖춘 입지다.

시황이나 정책에 따라서 주택 거래량과 가격의 등락은 있겠지만 신노년 세대의 등장으로 당분간 이런 수요는 지속될 것으로 예상된다. 특히 관련된 세제 완화가 있거나 금융과 관련된 정책이 완화되었을 때 서울과 수도권에 주로 몰릴 가능성이 높다. 최근에는 지방에 거주하는 부모도 자녀를 위한 주택 매입은 수도권을 대상으로 한다는 점도 특징이다. 대부분 자녀가 수도권에 거주하기 때문이기도 하고, 그렇지 않더라도 나중에 어떻게 될지 모르니 나는 안 되지만 자녀라도 서울에 집 한 채 마련해주는 것이 좋겠다는 판단이다.

대한민국의 부동산은
이제 끝났다

지방 소멸과 인구 유출로 부동산의 경제적 가치는 점차 하락할 것이다.
하지만 일부 지역은 오히려 더 큰 기회를 잡을 수도 있다.
부동산 포트폴리오 재조정과 리스크 관리 전략이 필수적이다.

대한민국의 인구 감소와 초고령화로 인해 부동산시장이 큰 변화를 맞고 있다. 인구가 줄어들면서 지방의 주택 가격은 하락하고, 특히 농어촌 지역은 소멸 위기까지 겪고 있다. 기초자치단체들이 인구 증가를 전제로 개발 계획을 세웠지만, 현실과 동떨어진 과잉 개발로 예산과 자원이 낭비되고 있다. 반면 수도권은 인구 집중과 주택 수요로 여전히 높은 가격을 유지하며 양극화가 심화되고 있다.

지방 소멸을 막기 위해서는 인구 유입을 위한 정부의 적절한 지원과 도시 계획 전환이 필요하다. 한편 자산가들은 부동산 리스크 관리에 더 신경 써야 할 것이다.

그 누구도 돌이킬 수 없는
인구 감소 시대

"이제 대한민국 부동산은 끝났다. 2021년부터 인구가 지속적으로 줄고 있고 합계출산율은 0.7명대로 인구 감소 속도는 더욱 가속화될 것이다. 빠르면 2024년 말부터 초고령화 시대로 접어들게 되고, 그 결과 경제활동인구(15세 이상 인구 중 수입이 있는 일에 종사하고 있거나 취업을 하기 위해 구직활동중에 있는 사람) 비중은 더 줄어들게 될 것이다. 경제활동인구가 줄면 저소득·저성장 시대가 본격화되면서 일본의 잃어버린 30년처럼 대한민국 부동산 거품도 터지게 될 것이다."

'대한민국 부동산 하락론'의 대표적인 시나리오다. '대한민국 부동산은 끝났다'라는 논리의 중심에는 인구 감소가 있다. 여기에서 끝났다는 말의 의미는 부동산이 사라진다거나 우리에게 더 이상 중요하지 않게 된다는 말은 아니다. 정확하게는 돈으로 환산이 가능한 경제적인 가치가 있는 자산의 기능을 상실하게 된다는 의미다. 대한민국은 국민 대다수 자산의 약 60% 이상이 부동산으로 편중되어 있기 때문에 부동산이 자산의 기능을 잃는다는 의미는 많은 국민 자산의 경제적 가치가 감소할 수 있다는 것과 동일하기 때문에 매우 중요한 이슈다. 정말 대한민국 부동산은 이제 끝일까?

인구 감소는 돌이킬 수 없는 팩트다. 뒤늦게 저출생과 인구 감소에 대한 위기 의식을 가진 정부와 기업이 어떠한 정책과 사회적인 역할을 하느냐에 따라서 총 인구수가 다시 증가하거나 감소하는 속도를 늦출 수는 있겠지만, 이미 시작된 인구 감소 시대를 맞이하는 것에는 변함이 없을 것이다.

인구 감소의 원인이 전쟁이나 기근, 전염병 등이라면 일시적으로 대부분의 연령층에서 사망자 수가 급증하는 것이기 때문에 인구구조의 변화는 상대적으로 미미할 수 있다. 그러나 우리나라 인구 감소의 주된 요인은 저출생이고 한편으로 기대 수명은 길어지고 있기 때문에 초고령화 사회라는 인구구조의 변화가 함께 나타나고 있다.

인구가 감소한다는 것은 모든 재화들을 구입할 소비자가 줄어든다는 것이고, 고령화가 된다는 것은 경제활동인구 비중이 줄면서 국민총생산(GNP)은 감소하고 사회적 비용은 증가한다는 것이다. 경제활동인구가 줄면 크지 않은 한국의 내수시장 규모는 더욱 축소되고 숙련된 노동자를 구하는 것도 힘들어진다. 노동 생산성을 높이거나 은퇴 시점을 늦춰서 인구 감소에도 불구하고 경제가 지속적인 성장을 할 수 있도록 만들 수 있다는 의견도 있다.

그러나 이론적으로는 가능할 수 있어도 대한민국의 빠른 인구 감소 속도를 상쇄할 만큼의 성장 속도를 높인다는 것은 말처럼 쉽지 않을 것이다.

따라서 인구 감소로 인한 경기 침체나 사회적 문제는 피할 수 없는 사실이고, 다만 앞으로는 이 문제들이 언제부터 시작되고 그 이후 얼마나 빠르게 체감되느냐 하는 타이밍과 속도의 문제라고 볼 수 있다. 전반적인 경제와 사회 전 분야에서 인구 감소의 영향을 피하기 어렵다면 부동산 분야만 독야청청 호황을 이어갈 수는 없을 것이다. 결국 부동산시장도 얼마나 빠르게 체감하느냐 하는 타이밍과 속도의 문제가 될 것이다.

지방 소멸 위기와 왜곡된 계획

인구가 폭발적으로 증가하던 시대에는 집을 짓는 속도보다 인구가 늘어나는 속도가 더 빨랐다. 태아가 신생아가 되는데 소요되는 시간은 약 10개월인데, 주택이 착공 후 완공이 될 때까지 걸리는 시간은 약 3년 정도이기 때문에 단독 주택만으로는 출생과 이동으로 인한 인구를 감당하기가 어려웠다. 대량의 주택을 빠르게 공급하기 위해서는 아파트만한 것이 없었고, 정부와 기업과 수요자가 추구하는 이익이 맞아 떨어지면서 아파트가 빠르게 대량 공급되었고 그 결과 아파트 공화국이 되었다.

그런데 지금은 상황이 역전되었다. 2021년 이후 인구는 지속적으로 감소하고 있고 합계출산율 0.7명의 시대가 도래했다. 그러나 1960~1970년대에는 불과 62세였던 기대수명이 2020년대에는 약

83세로 늘어나면서 적게 태어나도 오래 사는 사람이 늘어나 당장 인구 감소가 체감되지는 않는다. 게다가 수도권 인구는 실제로 늘고 있고, 전국적으로 1~2인 가구 비중이 커지면서 증가하는 세대수에 가려진 인구 감소는 주택시장에 왜곡을 가져오고 있는 상황이다.

2023년 전국 총 인구수는 약 5,133만 명이다. 2020년 약 5,183만 명으로 정점을 찍고 2021년과 2022년에는 약 19만 명씩 감소한 후 2023년에는 약 11만 명이 감소했다. 그런데 아래 자료에서 볼 수 있듯이 지방은 2016년에 약 2,610만 명으로 정점을 기록한 후 2017년부터 매년 평균 약 11만 명씩 감소하면서 전국보다 4년이나 빠르게 인구 감소 시대를 맞이했다. 반면 수도권은 2017년부터 2020년까지는 지방에서 감소한 약 11만 명씩 늘다가 2021년 이후부터 소폭 감소하는 추세로 전국과 그 궤를 같이하고 있다.

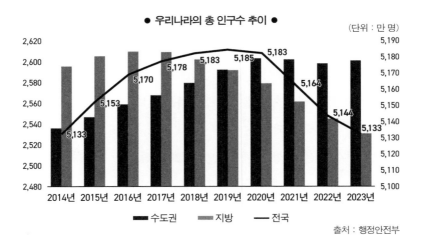

출처 : 행정안전부

기초자치단체에서는 국토교통부의 국토종합계획과 연계해서 10~20년 단위로 도시기본계획과 종합계획을 수립하는데 이는 앞으로 도시를 어떻게 만들지에 대한 청사진이라고 할 수 있다. 기초자치단체의 큰 그림으로 권역별 장래 예상되는 인구 수 계획을 세우고 이들을 수용할 수 있는 주택 공급 계획과 교통 개발, 인프라 마련 등의 계획을 세운다. 지역별 도시 전반의 개발에 있어서 근간이 되는 계획이라고 할 수 있다. 대부분의 광역 및 기초자치단체들은 국토교통부의 제5차 국토종합계획(2020~2040년)을 참고해서 2040년까지의 계획을 수립한다.

그런데 전국 기초자치단체들이 확정한 계획 인구를 보면 대부분의 지역에서 2030년까지 지속적으로 인구가 증가하는 것을 전제로 한다. 인구 감소 우려는 떨쳐버린 듯한 기초자치단체의 계획상 숫자는 통계청이 예측하고 있는 장래인구추계의 예상 인구수를 훨씬 뛰어넘는다. 이미 2017년부터 지방의 인구가 감소하고 있다는 것을 고려하면 기초자치단체들의 계획 인구는 희망사항에 가까운 것일지도 모른다.

통계청이 예상한 인구 증가 지자체는 세종과 제주, 충남 3곳이고 감사원이 예측한 인구 증가 지역은 위 3곳에 경기를 더한 4곳에 불과하다. 그럼에도 지자체들이 인구 증가를 전제로 계획 인구 수치를 정하는 주요한 근거는 출산을 통한 증가보다는 사회적 유입의 인구 증가다. 전국적으로 인구가 이미 정점을 찍고 지방 소멸 위기가 우려되는 상황에서 인구가 늘려면 다른 지자체로부터의 인구 유입이 필요하다. 실제로 지자체들 중에서는 사회적 유입 인구를 통해 다른 지자체에서 유입되는 인구가 많을 것을 기본 전제로 인구 증가 계획을 세우는 경우가 많다.

명확한 근거가 없는 상태에서 현재 기초자치단체들이 지나치게 긍정적으로 설정한 계획 인구를 기반으로 도시 정책을 실행할 경우 행정 전반에 걸쳐 과잉 계획이 될 수밖에 없다. 이것은 심각한 국가 재정 및 사회적인 자원의 낭비를 초래할 수 있다.

조성 예산뿐만 아니라 향후 유지 관리의 비용과 인력도 계속 낭비될 수 있다. 거주 인구는 물론 생활 인구(주민등록인구 및 외국인등록인구 외에 지역에 체류하는 모든 인구를 포함하는 개념)가 부족한 상태에서 주택과 인프라만 만들 경우 유령 건축물, 유령 도시로 전락할 가능성이 있다.

인구 만 명인 지역에 2만 명을 예상하고 도시를 조성하면 도시에 생기가 떨어지면서 사람들은 해당 지역을 더 많이 떠나게 된다. 완공이 되어도 불이 켜지지 않는 주택, 완공이 되었지만 목적에 맞게 활용하지 못해서 다른 대안을 찾다가 실패해 용두사미가 되어버린 사례들은 전국적으로 매우 흔하다. 지금이라도 인구를 무리하게 늘려서 계획하는 것이 아닌 인구 감소에 대비한 도시정책으로의 전환이 필요하다.

이미 시작된 인구 감소 영향권과 이로 인한 태풍의 눈

인구 감소의 타격을 가장 빠른 타이밍에 체감하는 분야는 저출생과 직접적인 연관성이 있는 의료(산부인과·소아과) 및 교육(어린이집·초중고교) 분야이다. 보건복지부의 자료에 따르면 2024년 기준으로 분만이 가능한 산부인과는 10년간 34% 감소해서 전국 463곳이 됐고, 전국 시군구 250곳 중 22곳이 산부인과조차 없다고 한다. 산부인과는 있어도 분만실이 없는 시군구는 50곳으로, 합하면 전국 기초지방자치단체 250곳 중 72곳(28.8%)에 분만실이 하나도 없는 것이다. 전국적으로 소아청소년과 폐업 증가세는 늘고 있고, 기존 소아청소년과 전문의 중 절반 이상이 소아청소년과 진료를 포기하는 상황도 발생하고 있다.

어린이집의 폐업도 심각하다. 2022년 기준 어린이집은 3만 923곳으로 집계되는데 이 숫자는 어린이집이 제일 많았던 2013년의 4만 3,770곳과 비교하면 약 1만 곳이 넘게 사라진 것이다. 특히 2020년부터 어린이집 폐원 속도는 더욱 빨라져서 매년 2천 곳 이상 문을 닫고 있다.

초·중·고등학교 역시 폐업이 늘고 학급 수와 정원 수는 줄고 있다. 단군 이래 최대의 재건축 단지로 불리는 올림픽파크포레온(구 둔촌주공) 아파트는 당초 단지 내 중학교 설립이 계획되어 있었다. 그런데 1만 2천 세대의 대규모 단지임에도 불구하고 학령 인구 감소로 정규 학교 설립을 위한 학생 수 등의 조건을 충족하지 못해서 중학교 신설이 무산 위기에 놓이게 되었다. 교육청과 조합측과의 갈등 끝에 결국 단지 내 기부채납 용지에 분교의 일종인 중학교 도시형 캠퍼스를 개교하기로 협의가 되었지만 다른 지역도 아닌 서울시 강동구의 손꼽히는 입지와 대단지 신축 아파트라는 조건에도 학령인구 부족으로 중학교를 개교하지 못한다는 사실은 다소 충격적이다.

그러나 모든 의료와 교육 분야의 상황이 같은 것은 아니다. 의료 기관 중 산부인과, 소아과 등 필수 의료의 공백 위기가 심각한 상황인데 성형외과(의원급) 수는 5년 새 170곳 이상이 늘어났으며 매출도 꾸준히 상승세인 것으로 나타났다. 저출생으로 인해 진료 대상자의 수가 감소한 것도 있지만 수익성에 따라 의료 분야 내에서도 선호도가 갈리고 있는 것이다.

교육 분야에 있어서도 전체 학교 수와 학생 수는 감소하고 있는데도 불구하고 사교육 시장은 오히려 호황이다. 통계청의 자료에 따르면 2003년 초·중·고교생의 숫자는 780만 명이었고, 2013년은 648만 명, 2023년은 521만 명으로 감소했다. 20년 전보다는 33%, 10년 전보다도 20% 감소한 숫자다.

그런데 2013년에 18조 6천억 원이었던 총 사교육비는 2023년 27조 원으로 약 146% 증가했다. 10년 전보다 학생 수는 127만 명 줄었지만 사교육비는 8조 5천억 원을 더 쓴 것이다. 사교육 참여 학생의 전국 1인당 월 평균 사교육비는 2017년 38만 원에서 2023년 55만 원으로 6년 새 17만 원이 늘어났다. 2023년 대도시의 1인당 사교육비는 62만 원, 대도시 외 지역은 50만 원으로 보통 대도시가 대도시 외 지역보다 1.2배 정도의 사교육비가 더 쓰여지는 것으로 나타난다.

지역을 세분화해서 살펴보면 서울과 서울 외 지역의 사교육비 격차가 크다. 2023년 기준으로 서울의 참여 학생 1인당 월 평균 사교육비는 74.1만 원으로, 전라남도 41.5만 원의 1.8배다.

2023년 초중고 사교육비 조사 결과에 대한 통계청 복지통계과의 정책브리핑 자료를 보면 가구의 월 평균 소득이 800만 원 이상일 때 학생 1인당 월 평균 사교육비는 67.1만 원인데 반해 300만 원 미만은 18.3만 원인 것으로 나타났다. 사교육 참여율은 800만 원 이상일 때 87.9%, 300만 원 미만인 경우에는 57.2%로 소득이 높을수록 사교육 참여율과 1인당 사교육비는 높아지는 것으로 분석되었다. 또한 가구당 자녀 수가 한 명인 경우 월 평균 사교육비는 48.6만 원, 자녀 수 2명은 45.6만 원이며 3명 이상은 33.4만 원으로 자녀 수가 적을수록 한 명당 사교육비도 높아지는 것으로 나타났다.

향후 학생 수와 학교 수는 지속적으로 감소하겠지만 합계출산율이 낮아지면서 가구당 자녀 수도 줄게 되어 오히려 사교육 시장은 한동안 뜨거울 것으로 예상된다. 또한 지역별로, 가구의 소득별로 사교육의 격차도 더욱 커질 것으로 전망된다.

2023년 1월 종로학원이 '대학알리미' 공시를 분석한 자료에 따르면, 2022년 공시된 SKY(서울대, 연세대, 고려대) 자퇴생이 1,874명이고 이 중 1,421명(75.8%)이 자연계열인 것으로 알려졌다. 자연계열 자퇴생 비율은 2020년에는 66.8%였는데 2021년에는 71.1%로 점차 늘어나고 있는 추세다.

서울대의 경우 전체 자퇴생 341명 중 자연계가 275명으로, 인문계에 비해 무려 4.2배나 많았다. 대한민국에서 가장 좋은 대학교에 진학을 했는데 자퇴를 해서 어디로 가는 것일까? SKY 자연계열에서 자퇴한 학생은 반수나 재수를 통해서 의약학 계열 진학을 꿈꾸는 경우가 많다. 향후 의대 모집인원이 증원되면 대학을 다니면서 중간에 의학 계열로 진학하고자 하는 이동은 더욱 많아질 것이다. 이로 인해 대학가의 재수나 편입 시장은 매우 치열하다. 그 이유는 학령인구가 감소해서가 아니라 과거보다 더욱 좁아진 성공의 문턱 때문이다.

지금의 교육 시스템에서는 사교육에 더 투자할 여력이 있는 가정의 학생이 더 좋은 점수를 받는 경우가 많다. 상위 명문대일수록 부모가 가진 자산이 많고, 소득은 높다.

2024년 1학기에 국가장학금을 신청한 의대 신입생 1,821명 중 가구 소득이 9, 10구간인 학생은 1,124명(61.7%)인 것으로 나타났다. 10명 중 6명은 연간 1억 원 이상의 고소득 가정 자녀인 것이다.

개천에서 용 나던 시대는 저물고 있다. 대학만 가면 대기업에 취직해 승승장구하던 시기는 지났다. 국내를 넘어서 해외 명문 학교를

졸업해도 취업이 보장되지 않는다. 그러니 의대처럼 일자리가 확실하게 보장된 자격증이 있는 특정 전공에만 사람들이 몰린다. 학생들이 in 서울, 적어도 수도권만 선호하다 보니까 지방의 수많은 대학교들은 폐업의 위기 앞에 놓여 있다.

학령인구 감소는 교육 분야에서는 비상사태이지만 누군가에게는 기회다. 폐업이라는 생존이 걸려 있는 위기 앞에 있는 사람이 있는가 하면, 하나뿐인 자식이 좁은 문을 통과할 수 있도록 아낌없이 투자하는 사교육 현장에서는 과거보다 오히려 더 많은 돈을 벌 수 있는 찬스다.

부동산시장도 마찬가지다. 인구가 가장 먼저 감소하기 시작했고 초고령화 시대도 먼저 겪을 것이며 인구 감소의 타격을 가장 빠른 타이밍에 체감할 지역은 지방이다. 인구 감소로 농어촌 지역의 지방자치단체가 아예 사라져버린다는 의미인 '지방 소멸'이라는 무서운 단어는 이제 익숙해질 정도로 많이 들었다. 그러나 지방 소멸이 기정사실화된다면 주택의 자산가치도 소멸되는 것이 순리다.

'부동산 불패' '땅은 배신하지 않는다' '부동산은 안전한 자산이다' 등 한 번쯤은 들어봤을 만한 부동산에 관련된 많은 격언이 증명하듯이 대한민국 사회에서 부동산에 대한 믿음은 상당하다. 부동산의 가치는 시간이 지나면 반드시 상승한다는 것과 주택 가격도 하락할 수는 있지만 시간이 지나면 어차피 회복하게 되어 있다는 것을 지론으로 여긴다.

그러나 이미 지방의 인구 유출로 인한 주택 가격 하락은 시작되었다. 보통 10년 정도의 시간이 흐르면 어떤 지역이든지 주택 가격은 상승했을 것이라고 예상한다. 아무리 시골이라도 지가는 상승하기 마련이고 아무리 못 올라도 물가 상승률 이상은 올랐겠지 생각하기 마련이다.

다음 자료는 10년 전인 2014년 대비 2024년의 주택 가격 상승률과 주택 및 연립주택 중위 가격을 나타낸 표다. 2014년 8월을 기준으로 2024년 7월을 비교했을 때 전국의 주택매매가격 변동률은 14.05%다. 대전이 27.13%로 가장 많이 올랐고, 서울(23.69%), 경기(23.34%), 인천(17.61%) 순으로 수도권 지역이 나란히 뒤를 잇고 있다. 주택 유형별로는 단독주택이 가장 많이 오른 반면 연립주택은 경남, 충남, 울산 등 지방의 8곳에서 마이너스 변동률을 보여주고 있다.

심지어 아파트도 경남(-12.96%), 경북(-9.80%), 울산(-4.38%), 충남(-2.22%), 충북(-0.44%) 지역 순으로 마이너스 변동률이 나타나고 있다. 지방 연립주택부터 가격이 하락하기 시작하면서 자산 시장에서 주택의 안전 자산이라는 지위가 위협을 받고 있다.

전국의 주택 중위 가격은 2014년에 2억 2천만 원에서 2024년에 2억 7천만 원으로 1.2배 정도 높아졌다. 그런데 경상남도의 경우는 2014년에 1억 5천만 원에서 2024년 1억 5,300만 원으로 거의 변동이 없었다.

(단위 : %, 천 원)

주택종합 누적상승률(14년 8월 ~ 24년 7월)

지역	주택종합	아파트	연립주택	단독주택
대전	27.13%	30.72%	12.14%	27.05%
서울	23.69%	30.06%	10.11%	33.63%
경기	23.34%	29.71%	4.47%	24.96%
수도권	22.84%	29.47%	6.81%	27.69%
인천	17.61%	24.95%	2.93%	21.84%
광주	15.31%	13.46%	5.09%	27.65%
제주	15.06%	26.63%	1.82%	16.95%
세종	14.71%	10.45%	0.53%	43.87%
전국	14.05%	14.68%	3.86%	20.74%
전남	12.05%	0.84%	1.90%	23.47%
강원	10.60%	6.71%	-0.08%	19.06%
부산	10.03%	9.08%	-1.07%	28.80%
대구	8.32%	1.79%	3.21%	37.06%
전북	6.72%	1.85%	-6.30%	15.68%
지방	6.58%	2.21%	-3.14%	18.62%
충북	4.81%	-0.44%	-3.08%	14.82%
충남	2.17%	-2.22%	-10.62%	12.28%
경북	1.92%	-9.80%	-6.49%	18.33%
울산	-1.82%	-4.38%	-9.43%	11.97%
경남	-5.95%	-12.96%	-17.01%	9.28%

인구 감소가 지방 부동산에 미치는 영향

주택 중위 가격				연립주택 중위 가격		
지역	2014년	2024년 7월		지역	2014년	2024년 7월
세종	127,075	505,756		제주	90,000	172,000
제주	110,675	229,039		대구	80,250	122,000
광주	123,502	205,471		대전	57,450	82,500
서울	415,786	670,712		서울	201,792	277,000
전남	68,958	105,722		광주	47,600	65,000
경기	249,302	381,085		강원	42,350	57,500
대전	178,434	271,430		충북	50,500	66,750
수도권	303,404	443,160		전남	40,000	51,250
부산	172,464	246,329		수도권	147,253	186,000
인천	182,778	260,737		전북	36,150	45,000
대구	178,080	253,225		세종	51,000	62,000
울산	184,760	246,508		경기	111,408	133,000
지방권	135,139	176,356		경북	51,900	61,750
강원	106,020	135,659		인천	79,300	94,000
전북	88,116	111,229		지방권	71,490	80,500
전국	216,245	266,560		전국	124,792	134,000
충남	119,356	145,427		울산	88,700	93,250
충북	124,385	144,857		부산	92,412	95,000
경북	106,870	115,516		충남	61,500	56,000
경남	150,975	153,513		경남	80,000	70,500

출처 : 한국부동산원

연립주택은 경남과 충남 지역에서 십 년 전보다 오히려 가격이 떨어지면서 2014년에 연립 주택을 매입해서 거주하던 사람이 매각을 하려면 오히려 낮은 가격으로 내놓아야 하고 노후화된 연립주택을 매각하고 싶어 하는 사람은 드물기 때문에 재개발이 되지 않는 이상은 매각 자체가 어려울 가능성이 높다.

또한 인구가 감소하기 시작한 지방에서 오래된 단독·연립주택 밀집 지역을 재정비해 아파트 단지를 만드는 재개발의 사업성이 나오기가 쉽지 않을 전망이다. 공사비나 인건비 등 아파트를 만드는 비용은 천정부지로 높게 올랐는데, 저층의 주택이 고층 아파트가 되었을 때 원주민 외에 외부에서 일반 분양을 받는 사람들이 필요한데 그만큼의 인구 유입이 어렵기 때문이다.

또한 이미 가격이 하락하기 시작한 지역은 부의 재분배로 인한 이중 타격을 입을 수 있다. 예를 들어서 지방 부동산 자산을 많이 보유한 지역의 유지가 고령층이 되어 자산을 처분하거나 상속하게 될 경우 구매할 젊은 세대가 없다면 거래가 될 때까지 가격을 계속 낮출 수밖에 없다. 매물로 내놓지 않거나 거래가 되지 않을 때는 가격이 낮아질 가능성만 가지고 있는 것이지만 정말 처분을 해야 할 시기가 온다면 경·공매를 진행할 때 평가하게 되는 감정평가 금액으로도 거래가 성사되지 않을 수도 있다.

실제로 지방 소도시의 공장처럼 사용 용도가 지극히 제한적이어서 다른 용도로 활용하려면 대지 상태로 만드는 비용이 크게 소요되는 부동산 유형의 경우, 매도자와 매수자가 생각하는 가격의 차이가 매우 커서 거래가 안 되는 경우들이 종종 발생하고 있다. 이런 물건들을 분석해보면 더 이상 기존 용도인 공장 등으로 사용할 만한 수요자는 없는 경우가 많고 타 용도로의 전환을 염두한 후 사업성 분석을 해보면 사업성이 나오지 않을 뿐만 아니라 냉정하게 마땅히 전환할 용도조차 떠오르지 않는 경우가 많다.

이런 지역들은 개인이 어떻게 해볼 수 있는 방도가 없는 경우가 많다. 세계적으로 유명한 건축가가 예술 작품과 같은 건축물을 짓거나 미슐랭 3스타 셰프와 같은 외식계의 거장이 영향력 있는 프랜차이즈 음식점을 내는 것이 아니라면 인구를 유입할 수 있는 콘텐츠를 만들 수 있는 경우는 매우 드물기 때문이다.

따라서 인구 감소가 부동산 자산 시장에 미치는 영향을 최소화하고 안정성을 유지하기 위해서는 정부와 기업의 적절한 대응이 필요하다. 정부는 인구가 수도권에 과도하게 집중되는 것으로 인한 지방 부동산시장의 하락을 방지하기 위해 유휴 주택의 활용 방안과 인구 유입을 촉진하는 정책을 강구해야 한다. 또한 기업들은 내수 시장의 축소에 대비해서 해외 시장 개척이나 신사업에 대한 투자를 확대함으로써 새로운 기회를 창출해내야 한다.

교육 분야에서도 폐업을 하는 학교들이 증가하는 반면 오히려 격차가 커지는 것을 기회로 삼는 사교육 시장이 있듯이 '부동산은 이제 끝났다'라는 가설은 동전의 양면처럼 가치를 상실하는 지역과 오히려 날개를 달고 크게 상승하는 지역으로 나누어지게 될 것이다.

부동산시장 참여자들은 이미 가시화되고 있는 부동산시장의 수요 감소와 자산 가격 하락이라는 변화에 맞춰서 자산 포트폴리오를 재조정하고 리스크 관리 전략을 마련해야 한다. 특히 전체 자산 중에서 부동산의 비중이 과도하게 높거나 부채를 많이 끼고 매입한 경우라면 더욱 주의를 기울여야 한다.

지방 부동산은
현재 제로섬 게임중

지자체들은 인구 유입을 위해 다양한 정책을 추진하고 있다.
지자체의 정책들이 허망한 제로섬 게임이 되지 않으려면
각 지역의 고유한 매력을 살린 차별화가 필요하다.

대도시 집중으로 지방 소멸이 가속화되면서 전국 시군구의 57%가
소멸 위험에 처했다. 인구 이동이 저출생보다 더 큰 문제로, 단순히
정주 인구를 늘리는 것만으로 해결되지 않는다. 정부는 '생활 인구'
개념을 도입해 체류형 관광과 워케이션[일(work)과 방학(vacation)의
합성어] 등을 통해 인구 유입을 유도하고 있으나, 이 또한 한정된 자
원을 소모하는 제로섬 게임이 될 수 있다.

강원도 양양이 서핑 문화를 활용해 청년 체류 인구를 증가시킨 데
서 문제해결의 실마리를 찾자. 양양처럼 각 지역 고유의 특성을 살
려 차별화된 경험을 제공하는 것이 지방 활력 회복의 열쇠다.

대도시로의 인구 쏠림 현상이
인구 감소를 더욱 가속화한다

대한민국 228개 시군구 중 소멸위험지역은 130개 지역으로 전체의 57%이다. 대한민국 제2의 도시인 부산광역시도 동구·서구·영도구 3개의 지역이 인구 감소 지역으로 지정되었다. 부산에서 가장 상권이 발달한 서면에 위치했던 홈플러스, NC백화점 등 대형 유통 매장이 최근에 문을 닫았고 올해 입학생이 10명도 안 되는 초등학교는 21곳이나 된다.

부산이 이 정도인데 다른 지방의 상황은 얼마나 심각한지 상상조차 안 된다. 대한민국 전체의 합계출산율이 0.7명이니까 인구 감소는 당연한 결과라고 생각할 수 있다. 그러나 아이러니하게도 전국에서 합계출산율이 가장 낮은 지역은 서울(0.55)이며 가장 높은 지역은 전국에서 소멸위험이 가장 큰 전남(0.97)이다.

따라서 지방 소멸 위기의 주범은 저출생보다 '인구의 이동'이라고 할 수 있고, 이것이 역으로 저출생 경향을 가속화한다고 볼 수 있다.

SBS의 취재파일 〈『지방 소멸』 출간 10년… 일본의 반성〉이라는 리포트를 인상 깊게 봤는데, 앞서 소개했던 지방소멸지수를 만들어 낸 마스다 전 총무상이 출간한 『지방 소멸』에 대한 이야기가 나온다. 마스다는 2014년에 일본 지자체 인구추이를 조사한 후 전체 지역의 49.8%에 달하는 소멸 가능 도시 명단을 발표해서 마스다 쇼크를

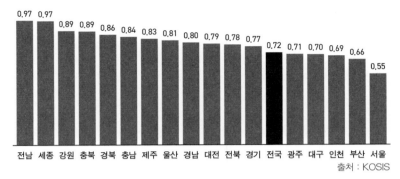

● 지역별 합계출산율(2023년) ●　　　　　(단위 : 명)

출처 : KOSIS

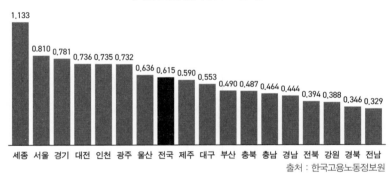

● 지역별 소멸위험지수(2024년 3월) ●

출처 : 한국고용노동정보원

일으킨 바 있다. 10년이 지난 2024년에는 '인구비전2100' 보고서를 작성해 '마스다 보고서' 이후 10년간의 변화와 반성, 그리고 2100년까지의 인구정책 목표를 담기도 했다. 그가 출간한 『지방 소멸』이란 책을 보면 다음과 같은 내용이 나온다.

"이런 모습을 보면 마치 일본 전체의 인구가 도쿄권을 비롯한 대도시권에 빨려 들어가 지방이 소멸할 것만 같다. 그 결과 나타나는 것은 대도시권이라는 한정된 지역에 사람들이 밀집해 고밀도의 환경에서 생활하는 사회다. 이것을 우리는 '극점 사회'라고 이름 붙였다. (중략) '극점 사회'는 일본 전체의 인구 감소를 더욱 가속시킬 것으로 예상된다. (중략) 인구의 블랙홀 현상이라고 부른다. 일본 전체의 출산율을 끌어올려 인구 감소에 제동을 걸기 위해서는 대도시권으로 인구가 집중되고 있는 현재의 거대한 흐름을 바꿔야 한다."

대한민국에서 서울을 비롯한 수도권에 인구가 집중되어 지방은 점차 축소되고 수도권만 고밀화되는 현상과 매우 흡사하다. 후반부에 실린 대담에서는 도쿄에 젊은 세대가 집중되는 현상을 "젊은이들을 저임금으로 고용해서 쓰고 버리는 곳"이라고까지 묘사하고 있다. 이렇게 일자리를 원하는 지방 사람들이 모여들면 저출생은 더욱 심각해진다고 주장한다.

2012년 기준으로 일본 전체 출산율이 1.41인데 도쿄는 1.09로 47개 도도부현 중에서 독보적인 꼴찌다. 대한민국 역시 전국 합계 출산율이 0.72지만 서울은 0.55로, 두 번째 꼴찌인 부산(0.66)과도 큰 차이를 보이고 있어 일본의 도쿄와 비슷한 상황이다. 마스다는 2014년 보고서에서 2025년 합계출산율 1.8명을 목표로 내세웠으나 2023년 일본의 합계출산율은 1.2명으로 역대 최저치를 경신했고, 도쿄도는 0.99명으로 처음으로 한 명 아래로 떨어졌다.

새로운 인구 개념 생활 인구,
정주 인구 못 늘리면 체류 인구 늘리자

합계출산율을 끌어올리는 것이 지방 소멸 위기 대응 방법의 정답이 아니듯이 단순히 정주 인구를 늘리기 위한 전략은 답이 될 수 없다. 절대적인 총인구 숫자가 감소하고 있는데 특정 지역의 인구가 늘어나면 다른 지역의 인구가 그만큼 감소할 수밖에 없는 것이고, 이미 수도권과 비수도권의 인프라 차이가 큰 상황에서 수도권으로의 인구 이동을 막을 수도 없는 노릇이다.

따라서 정부에서도 새로운 인구 개념인 생활 인구 적용을 확대해서 저출생과 고령화, 1인 가구 증가 등 급격한 인구 변화에 맞춰 지방 소멸을 막아보겠다는 전략을 세웠고 지방 소멸 위기를 맞은 지자체들도 생활 인구 유치를 위해 힘쓰고 있다.

전통적인 인구 개념이 법에 따라 주민으로 등록한 인구라고 한다면, 생활 인구는 이를 포함해 특정 지역에 얼마나 많은 사람이 얼마 동안 머물면서 어떤 활동을 했는지 등을 상세하게 보여주는 새로운 인구 개념이다.

인구특별법 제2조 생활 인구의 정의를 보면, 주민등록법에 따라 주민으로 등록한 사람과 체류 주민, 외국인으로 구성된다. 체류 기준은 통근·통학·관광·휴양·업무·정기적 교류 등의 목적으로 주민 등록지 외의 지역을 방문해서 하루 3시간 이상 머무는 횟수가 월

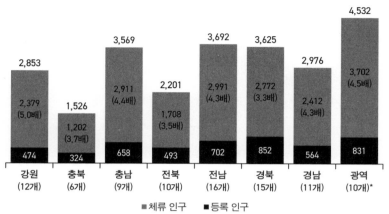

● 시도별 생활 인구 규모(2024년 3월) ●

(단위 : 천 명)

강원 (12개)	충북 (6개)	충남 (9개)	전북 (10개)	전남 (16개)	경북 (15개)	경남 (11개)	광역 (10개)*
2,853	1,526	3,569	2,201	3,692	3,625	2,976	4,532
2,379 (5.0배)	1,202 (3.7배)	2,911 (4.4배)	1,708 (3.5배)	2,991 (4.3배)	2,772 (3.3배)	2,412 (4.3배)	3,702 (4.5배)
474	324	658	493	702	852	564	831

■ 체류 인구 ■ 등록 인구

* ( )는 시도 내 인구감소지역의 개수

출처 : KOSIS, 2024년 1/4분기 '생활 인구' 산정 결과

1회 이상인 경우다.

　주민등록상 인구수의 확대는 현실적으로 성과를 내기가 쉽지 않고, 기존 계획과 차별화된 새로운 정책 수단을 발굴하는 데 어려움이 있다. 반면 새롭게 도입된 체류 주민의 확대는 실질적으로 수립할 수 있는 전략이 다양하다는 측면에서 많은 지자체들이 이를 위해 관심을 기울이고 정책을 펼치고 있다.

　2024년 1분기 생활 인구 산정 결과인 위 자료를 보면 시도별 생활 인구는 등록 인구의 3배에서 5배 정도 많은 것으로 나타났다. 강원도는 18개 시·군 중 12곳이 인구 감소지역으로 분류되어 있다. 강원도 전체 등록 인구는 약 47만 명인데 생활 인구는 이의 5배인 238

만 명인 것으로 나타났다.

시군구별로 세분화해서 보면 등록 인구와 생활 인구의 차이는 더 커진다. 전체 인구소멸지역 중 등록 인구와 체류 인구의 차이가 가장 큰 지역은 전남 구례군(18.4배), 강원 양양군(10.2배), 경남 하동군(10배) 순이다. 전남 구례군은 체류 인구 중 50~60대가 절반이 넘고, 남성보다는 여성 체류자가 더 많다는 분석이 나와 향후 체류 인구 유입 시책의 근거로 활용할 수 있다.

● 시군구 체류 인구 배수(2024년 3월) ●

(단위 : 배)

순번	시군구	배수
1	전남 구례군	18.4
2	강원 양양군	10.2
3	경남 하동군	10.0
4	경기 가평군	9.9
5	인천 옹진군	8.5
6	강원 고성군	8.4
7	경북 청도군	7.8
8	강원 평창군	7.7
9	경북 영덕군	7.5
10	전남 담양군	7.0

출처 : KOSIS, 2024년 1/4분기 '생활 인구' 산정 결과

이처럼 생활 인구는 교통과 통신의 발달로 높아진 인구의 이동성, 변화된 생활방식 등을 반영한다. 지역별 생활 인구의 특성을 분석해서 이에 부합하는 맞춤형 정책을 추진할 수 있다면 지역 활성화와 지방 소멸에 반전의 기회를 마련할 수 있을 것이다. 예를 들어 생활 인구 분석 결과 숙박 없이 당일치기로 관광을 오는 체류객이 많다면 지자체와 민간이 숙박 시설이나 야간 관광상품을 개발해서 관광객들이 체류 기간을 연장할 수 있도록 유도하는 방안을 고려해볼 수 있다.

지자체들은 생활 인구를 늘리기 위해서 세컨 하우스 단지 구축, 실버 타운 조성, '워케이션' 유치 등으로 두 지역 살기를 장려할 수 있는 인프라를 조성하고 체류형 관광지, 휴양 마을 등을 통해 정주 여건 개선에 힘을 쏟고 있다.

결국엔 지방 부동산은 제로섬 게임

코로나-19로 인해서 비대면이 활성화되면서 일과 휴가를 함께하는 개념인 워케이션이 등장했다. 워케이션이란 일(work)과 휴가(vacation)의 합성어인데 재택 근무가 늘어나면서 지역 소멸 위기 극복을 위한 방안으로 떠오르고 있다.

한국관광공사는 '워케이션 활용 국내관광 활성화' 연구 보고서에서 국내 워케이션으로 파급되는 경제적 효과를 분석했다. 약 4조 5천억 원의 생산 유발 효과와 2조 1천억 원의 부가가치 유발 효과, 약 9천억 원의 소득 유발 효과, 2만 7천여 명의 고용 유발 효과가 기대된다는 내용이다. 운영만 제대로 된다면 지역 경제를 활성화시킬 수 있고 인구 유입 효과도 있다는 전망이다.

특히 한국의 경우는 교통이 매우 발달해서 전국이 편도로 반나절 생활권에 든다. 따라서 워케이션으로의 빠른 전환 및 유연한 대처가 가능하다는 장점이 있어 전국 지자체에서 워케이션 개발과 홍보에 열과 성을 다하고 있다.

그러나 워케이션에 장점만 있는 것은 아니다. 아직까지도 워케이션에 대한 인식이 낮고, 대부분의 기업에서 재택이나 유연근무제가 정착되지 못하고 있기 때문에 이를 활용할 수 있는 대상이 매우 한정적이라는 제약이 있다. 개인의 입장에서는 기혼인 경우 가족이 함께 참여하는 형태가 아니라면 일과 육아를 부담해야 한다는 점에서 부정적일 수 있고 기업의 입장에서는 비용 부담과 업무 효율성 측면에서도 아직 확신을 하지 못하는 부분이 있다.

그럼에도 불구하고 이미 워케이션은 레드 오션 시장이다. 2023년 문화체육관광부는 워케이션 활성화 사업 공모를 통해서 전국 16개 지역에 20개 시범 프로그램을 마련해서 진행중이고, 행정안전부는 워케이션과 농촌 유학, 은퇴자 마을 등을 유치해서 생활 인구를 확대하는 사업인 '고향올래(GO鄕 ALL來)' 프로젝트를 추진하고 있다. 농림축산식품부은 2024년부터 대·중소기업·농어업협력재단과 협업을 통해 농촌형 워케이션 사업을 지원함으로써 농촌에서 일하면서 휴식도 취하는 기회를 도시근로자들에게 제공해 생활 인구 확산을 유인하고 있다.

이외에도 민간에서 운영하고 있는 워케이션까지 합하면 부산, 울산, 경북 안동·문경·울진, 경남 진주·김해·통영, 전북 부안·남원·진안, 전남 여수·순천, 충북 충주·제천·괴산, 충남 태안·천안·부여, 강원 속초·양양·춘천·강릉·고성, 제주 등 전국의 지방 소멸 위기 지역은 워케이션 열풍이라고 해도 과언이 아니다.

그러나 앞서 언급한 것처럼 모든 노동자들이 워케이션을 할 수 있는 여건이 되지는 않는다. 일부 제한적인 대상을 두고 전국 인구 소멸 지역에서 동일한 전략에 힘을 쏟는 것은 정주 인구 유치 전략과 마찬가지로 제로섬 게임이 될 뿐이다.

지난 여름 몽골에 갔다가 시골 가정집에 방문할 수 있는 기회가 있었다. 끝도 없이 펼쳐진 초원이 아름다운 마을 길 위에는 사람보다 가축을 찾는 것이 쉬울 정도로 인구밀도보다 가축 밀도가 높게 느껴졌고 한적한 초원 위에 그림같이 놓여진 전통 가옥 게르가 몽골 유목민의 정체성을 보여주고 있었다. 평일 낮의 게르 안에는 보통 자녀들을 도시로 떠나보낸 노부부나 부모님은 일터에 가시고 어린 자녀들 두세 명 정도만이 집을 지키고 있는 경우가 대부분이었다.

실제 몽골의 인구는 약 340만 명으로, 넓은 영토에 비해 적은 인구를 가지고 있어서 전 세계 공식 독립 국가 중에서는 가장 낮은 인구밀도를 가지고 있다. 합계출산율은 여성 1인당 2.9명 정도로 다른 동아시아 국가들에 비해서는 높은 편이다.

몽골도 현재는 많은 사람들이 도시로 이동하며 정착 생활을 하고 있는데, 특히 수도인 울란바토르에는 전체 인구의 절반 정도가 거주하고 있다. 그러나 필자가 방문한 시골 농촌 지역은 여전히 유목민 생활을 유지하는 가정들이 많고 이들은 가축을 키우며 계절에 따라 이동하는 생활 방식을 고수하고 있다.

대륙의 혹독한 기후 조건에서 유목민의 생활방식에 적합하게 고안된 것이 전통 가옥 게르다. 게르는 1시간 내에 쉽게 조립과 해체가 가능해 이동이 쉽고, 원형 모양과 낮은 지붕은 바람을 피할 수 있는 구조로 여름철에는 통풍에 탁월하고 겨울철에는 따뜻하다고 한다.

국토의 상당 부분이 사막과 초원으로 이루어진 몽골은 지금도 기후 변화에 취약한데 『CEO 칭기스칸』이라는 책에 보면 강(Gan)과 쪼드(Dzud)라는 두 재앙이 있었다고 한다. 강은 이상 기온에 의한 집중적인 가뭄이고, 쪼드는 가뭄 뒤에 이르게 찾아오는 혹한이다. 자연으로부터 오는 거대한 재앙으로 가축들이 얼어 죽고 굶어 죽으면 유목민도 죽음을 준비해야 했고 몽골 안에서의 만성적인 약탈과 전쟁으로 몽골 땅을 제로섬 게임의 땅으로 만들어버렸다.

이에 칭기즈 칸은 가난과 공포로부터 해방할 수 있는 길은 몽골

땅 안이 아니라 몽골 고원 바깥에 있다고 판단하고 게임의 성격을 제로섬에서 Non 제로섬으로 바꾸어버렸고 이후 세계를 정복하게 된다.

지방의 인구 감소 지역도 칭기즈 칸처럼 제로섬 게임에서 시선을 돌려 Non 제로섬 게임을 만들어야 한다. 모든 도시가 천편일률적으로 워케이션이나 세컨 하우스 단지를 구축하고 실버타운 조성에 힘을 쏟다 보면 구축하는 과정에서도 막대한 비용이 소요되고 향후 관리와 운영에 있어서도 인력과 비용이 낭비될 여지가 있다.

부동산시장에는 시대의 흐름에 따라 야심차게 개발했다가 목적대로 활용하지 못해서 유령 건물로 전락해버린 수많은 사례들이 있다. 심지어 서울 한복판에서도 ○○전자상가, ○○테크노마트, ○○파이브 등의 사례를 보면 입지의 묘를 살리기보다는 유행을 트렌드로 착각하고 개발해서 낭패를 보는 경우를 종종 볼 수 있다. '저 좋은 입지를 이렇게 쓸거면 나 주지'라는 생각이 절로 들 정도로 낭비만 되고 세련되지 못한 개발 방법이다.

사람도 타고난 내면과 외면이 중요하듯이 부동산을 개발할 때도 제일 먼저 고려할 것은 입지의 타고난 자연적·인문적 특성이다.

이런 관점에서 강원도 양양의 사례는 괄목할 만하다. 인구 통계만 보면 양양의 인구 감소와 고령화 문제는 심각하다. 통계청에 따르면 2023년 양양의 총 인구는 약 2만 7천 명이고 60세 이상 인구 비중은 45%가 넘는다. 반면 20~30대의 비중은 14%에 불과하며, 합계출산율은 0.88명이다.

그런데 양양이 입지의 특성을 살려서 서핑에 특화된 지역 문화를 만들자 서퍼들이 정기적으로 양양에 거주하기 시작하면서 체류 인구가 늘어나기 시작했다. 국토연구원이 발표한 '인구 감소시대, 체류인구를 활용한 지역유형별 대응전략 연구' 보고서에 따르면 양양은 체류 인구 비중이 가장 높은 지자체다. 국토연구원은 KT의 이동통신 데이터와 주민등록 인구통계를 결합해 체류 인구를 분석했는데 양양에는 주민등록 인구의 47.6%에 해당하는 규모(1만 3천 명)의 체류 인구가 있는 것으로 분석됐다. 이를 주민등록 인구와 합하면 양양의 인구는 4만 명을 넘게 되고 이들이 대부분 청년층인 것을 감안하면 양양은 인구 2만 명의 소멸 위기 지역이 아니라 청년 비중이 높은 젊은 도시가 된다.

지방 소멸 위험 지역은 소멸되느냐 살아남느냐의 기로에 서 있다. 지금 인구 감소 위기에 대응해 어떤 정책을 펼치느냐에 따라서 생사가 좌우되기 때문에 매우 중요한 시기라고 볼 수 있다. 해답은 적어도 비슷한 전략으로 서로 뺏고 빼앗기는 제로섬 게임은 아닐 것이다. 양양처럼 해당 지역만이 가지고 있는 대체 불가능한 매력을 찾아야 한다. 방문하는 사람들에게 그곳에서만 할 수 있는 차별화된 경험이나 가치를 선물하고 거주자에게는 거주민에게만 줄 수 있는 이점이나 자부심을 제공할 수 있어야 한다.

서울은 대한민국에서 가장 크고 발전된 대도시라는 매력이 있다.

그러나 지역의 매력이 꼭 대도시에서만 발견될 수 있는 것은 아니다. 양양의 서핑처럼 국제 정원 박람회의 순천, 독일 마을 남해, 공업과 고래의 도시 울산 등 지방 중소 도시들만의 특화된 브랜딩과 이에 걸맞은 상품, 제도적인 개발이 필요하다.

그리고 해당 지역에서만 끝나는 단순 관광객을 늘리는 전략이 아니라 인접 도시를 연결하는 선을 만들어서 먼 거리라도 선뜻 이동해서 체류까지 하고 싶게 만드는 주변 지역과의 윈윈(win-win. Non 제로섬 게임) 전략이 필요하다. 그리고 정부는 시설물을 구축하는 예산만 편성하는 것이 아니라 젊은 세대나 한 가정이 이동해서 거주까지 하도록 동기 부여를 할 수 있는 교통·교육·의료 등의 인프라 구축과 세금·금융 등의 관련 정책 지원도 병행해야 할 것이다.

PART 5

인구 이동이
서울 부동산에
미치는 영향

지방 소멸의 핵심 원인은 저출생보다 서울로의 인구 이동이다. 서울은 출산율이 낮아도 학군과 일자리 덕에 인구가 몰리며 생존력을 유지한다. 출산보다 중요한 것은 아이를 기르고 싶은 도시를 만드는 것이다. 주택 보급률이 100%를 넘어도 수도권 주택난은 계속되며 지역별 격차는 커진다. 이제는 '얼마' 나 '빨리' 가 아니라 '어떻게' 공급할 것인가가 더 중요하다. 세대별 경제 환경이 달라지면서 주거에 대한 인식도 변했다. 부모 세대는 부동산을 자산 증식 수단으로 봤지만, 젊은 세대는 공유 경제와 삶의 질을 우선시한다. 미래의 부동산은 단순히 투자 대상이 아니라 개인의 가치와 생활 방식을 반영하는 공간으로 변화해야 한다.

학군지·일자리 유목민
vs. 여가생활·힐링 유목민

사람들은 각자의 삶에서 중요한 가치에 따라 터전을 옮긴다.
지속 가능한 도시를 만들고 지방 소멸을 막으려면
아이를 기르고 싶은, 경제 활동을 하고 싶은 지역이 되어야 한다.

지방 소멸의 주요 원인은 저출생보다 인구 이동에 있다. 서울처럼 출산율은 낮아도 사람들이 모이는 도시가 생존 가능성이 높다.

특히 세종시는 계획 도시로 안정적인 일자리와 교육 인프라를 갖춰 높은 출산율과 젊은 인구를 유지하고 있다. 이러한 성공 사례를 전국에 적용하기는 어렵겠지만, 각 지역이 고유한 특색과 필요에 맞는 인프라를 개발해 '거주하고 싶은 도시'를 만든다면 소멸 위기를 극복할 수 있을 것이다.

학군 유목민과
일자리 유목민

좋은 도시란 무엇일까? 사람마다 가치를 어디에 두는지에 따라서 다르게 생각할 수 있지만 도시에 부여되는 정의를 잘 이행하고 있는 도시가 좋은 도시라고 한다면 큰 이견이 없을 것이다.

도시란 '일정한 지역의 정치·경제·문화의 중심이 되는 사람이 많이 사는 지역'이라고 정의되어 있다. 따라서 인구수나 경제 성장, 소득 수준, 생활 인프라 등의 지표를 통해서 도시의 수준을 확인해볼 수 있다.

지방 소멸 위기 지역의 주된 원인은 저출생 문제가 아니라 인구 이동이다. 대한민국의 수도인 서울은 합계출산율이 0.55(2023년 기준)로 전국에서 가장 낮고, 반대로 지역 소멸 위험도가 가장 높은 전남은 0.97(2023년 기준)로 가장 높다. 서울은 부부 100쌍(200명)의 자녀 수가 불과 55명이고 세대를 건너면서 인구수가 4분의 1로 줄어들게 된다. 출산율만 놓고 보면 전쟁중이었던 우크라이나(합계출산율 0.7)보다도 격렬한 격전지나 다름없는 수치지만 서울의 소멸 위험도는 전국에서 세종시 다음으로 낮은 수준이다. 결국에는 소멸 위험이 낮은 지역, 지속적인 성장이 가능한 도시가 되려면 아이를 낳기만 하는 지역이 아니라 기르고 싶은 지역이 되어야 한다.

기후가 열악한 지역에 사는 유목민들은 삶의 가장 큰 목적이 가축을 잘 키우고 가족들이 배불리 먹고 잘 사는 것이기 때문에 기후 조건이 좋은 지역으로 터전을 옮겨 다닌다. 전쟁 후 한 세대만에 먹고 사는 것을 걱정하는 시기를 벗어난 대한민국의 국민들은 이제 각자의 삶에서 가장 가치 있게 여기는 분야의 인프라가 잘 갖춰진 곳으로 터전을 옮겨 다닌다.

가령 학군 유목민이나 일자리 유목민처럼 경제 활동이나 자녀 교육을 위한 거주가 필요한 유목민이 있고 취미생활 유목민, 힐링 유목민, 의료시설 유목민처럼 단순한 체류나 세컨 하우스 정도로 충분한 경우가 있다.

전자의 경우가 유입 인구가 많은 지역이 되며, 인구가 자연 감소하더라도 목적에 따른 인구 이동으로 인해 도시의 지속적인 성장이 가능하게 된다. 그러나 그렇지 않은 지역은 인구 감소로 인한 지역의 위기를 걱정하는 처지에 놓여질 수밖에 없는데 인구가 모여드는 다른 지역을 따라하는 것으로는 결코 극복할 수 없다.

한때 벽화 마을이 유행한 적이 있었다. 2000년대 후반부터 정부와 지방자치단체들은 노후화된 지역을 재활성화하기 위한 도시 재생 사업을 추진했는데, 벽화마을은 그 사업 중 하나로 주로 낙후된 지역에 예술적인 벽화를 그려 넣어 관광객을 유치하는 방법으로 사용되었다. 전국에 있는 벽화마을의 정확한 수는 공식적으로 집계되지는 않았지만, 지도에 벽화마을을 검색해보기만 해도 대략 80곳 이상이 나온다.

이런 콘텐츠는 특정 지역에 거주하거나 방문하게 만드는 요인이 될 수 없다. 지역만의 특성을 찾아서 일자리, 학교, 여가 활동, 힐링, 의료 중 어떤 목적에 적합한 지역인지를 고민하고 목적에 맞는 킬러 콘텐츠를 찾아서 끊임없이 관리하고 업그레이드해야 인구 감소 시대에도 지역이 유지될 수 있을 것이다.

이제 도시가 지속적으로 성장하기 위해서는 사람들이 아이를 어디서 출산하는지보다 어디서 양육하는지를 고려하는 것이 더 중요하고, 아이가 경제 활동을 할 만큼 장성했을 때 어느 지역에 터전을 잡는지를 고려하는 것이 가장 중요하다. 결국에는 경제 활동을 시작하는 지역에서 소득과 소비가 일어나고 그런 사람들이 많이 모이는 도시가 활성화되기 때문이다.

전국에서 가장 이상적인 도시는 세종특별자치시

이러한 관점에서 세종시는 전국에서 지속적인 성장이 가능한 가장 이상적인 도시다. 그도 그럴 것이 세종시는 다른 도시와는 태생이 다르다. 서울이나 광역시 등 다른 대도시처럼 유구한 역사를 자랑하는 도시도 아니고 자연스럽게 사람들이 모여 살다가 마을이 형성된 중·소 도시와도 다르다. 세종시는 대한민국에서 가장 규모가 큰 신도시라고 할 수 있다.

정확한 명칭은 세종특별자치시이며 대한민국의 새로운 행정 중심지로, 국가의 균형적인 발전과 수도권 과밀화 해소를 목적으로 탄생한 계획 도시다. 2002년에 노무현 전 대통령의 행정수도를 완전히 이전하려는 공약에서 시작되었지만 2004년에 헌법재판소가 서울이 수도임을 명시하는 헌법 정신에 위배된다는 판결을 내리면서 행정 중심 기능을 이전하는 형태로 방향이 조정되었다.

시작은 수도 서울과 수도권에 인구, 경제, 행정 기능이 과도하게 집중되는 문제를 해결하기 위한 대안이라는 창대한 계획이었는데 여전히 국회의 완전한 이전을 논의중이다. 결과론적인 이야기지만 최초의 계획대로 진행되었다면 20여 년 후인 지금의 상황이 많이 달라져 있지 않았을까 하는 아쉬움이 든다.

이처럼 세종시는 처음부터 철저한 계획하에 개발된 도시로, 행정 기능뿐만 아니라 주거, 상업, 교육, 문화 등 다양한 측면에서 균형 잡힌 도시를 만드는 것을 목표로 건설되었다. 주택, 상업 공간, 공공기관, 도로 등이 체계적으로 배치되어 있으며, 각종 첨단 기술이 접목된 스마트 시티 개념이 적용되었다. 또한 자연 환경을 보호하고 친환경적인 도시로 만들기 위해 많은 공원과 녹지 공간이 조성되었다.

세종시의 특성상 일자리 유목민이 도시를 선택해서 이동하기보다는 기관이 이전하면서 강제로 이동한 사람이 대부분이지만 어느 정도 도시의 형태가 갖춰진 이후에는 세종시가 살기 좋을 것 같아서 이동한 가정들도 많이 생겼다.

우리나라 대부분의 신도시가 그렇듯이 세종시도 주택 유형 중 아파트의 비중이 무려 87%다. 세종시가 2012년 7월에 출범했기 때문에 대부분의 아파트 입주는 그 후에 이루어졌다. 세종시에서 가장 먼저 입주한 아파트는 한솔동에 있는 첫마을 아파트인데 이제 고작 12년 차이니, 대부분의 아파트가 대한민국 국민들이 선호하는 신축이나 준신축인 셈이다.

일자리 유목민들이 많이 정착한 도시답게 합계출산율이 0.971로 전국에서 전남(0.972) 다음으로 높고 세대당 평균 세대원 수는 2.4명으로 가장 많다. 총 인구에서 초등학교 학생 수가 차지하는 비중은 8.4%로 전국에서 가장 높은 수준이고 반대로 65세 이상 고령 인구는 10% 정도로 가장 적은, 대한민국에서 가장 젊은 도시다.

또한 도시의 특성상 대부분의 시민들은 공무원이나 연구기관 등 안정적인 직업에 종사하고 있고 세종시 이전 기관 특별분양으로 매우 저렴한 분양가에 내 집 마련을 한 사람들이 많다. 평균 근로 소득 수준이 전국에서 서울 다음으로 높은데 노후에 연금만으로도 안정적인 생활이 가능한 사람이 전국에서 제일 많다.

많은 사람들이 꿈꾸는 안정적인 직장을 다니고 노후가 보장되어 있으며, 거주하는 집이 매입할 때보다 많이 올라서 자산 형성도 어느 정도 되어 있는 경제적으로 안정적인 사람들이 모여 사는 이상적인 도시 규모와 경제 시스템을 갖춘 도시가 세종시다. 어떻게 보면 공무원 중심의 도시이다 보니 치열한 자본주의 시스템으로는 만들기 어려운 사회주의식 이상적인 도시 모델이라고도 할 수 있겠다.

모든 도시가 세종시처럼 단기간에 주택과 일자리와 학교 등 거주에 필요한 인프라를 적절하게 만들어낼 수는 없다. 일부 공권력이 개입되는 신도시 개발 방식이 아니라면 사실상 불가능에 가깝다.

세종시처럼은 아니더라도, 이제는 지역마다의 고유한 색을 살려 지역 특색을 잘 개발하고 활용해 지속 가능한 성장을 이루는 도시를 만들어야 한다. 이를 통해 지방 소멸의 위기에서 벗어나고 유목민이 이동하고 싶은 지역으로 자립하고 번영할 수 있도록 만들어가야 한다.

전남에서 태어난 아이들은
슈퍼스타도시 서울로

전국의 많은 사람들이 인구가 밀집된 서울로 계속 몰리고 있다.
서울의 인구 집중은 지방 소멸을 더욱 가속화하고
수도권과 지방 간의 부동산 양극화를 심화시키고 있다.

전남은 높은 출산율에도 일자리와 학군 부족으로 인구가 서울로 유출되며 고령화가 빠르게 진행되고 있다. 반면 서울은 면적이 좁고 생활비가 많이 드는데도 불구하고 우수한 인프라 덕에 인구가 집중되고 있다.

수도권은 경제적 장점이 있으나 대기 질 악화와 주거 밀도가 높아지는 문제를 안고 있으며, 반면 비수도권은 인구 유출로 인해 인프라 부족과 부동산 가치 하락, 재건축의 어려움을 겪고 있다. 일본이 초고령화와 빈집 문제를 해결하고 있는 것처럼 우리나라도 인구 감소와 초고령화에 대한 장기적이고 구체적인 대응이 필요하다.

전남에서 서울로,
그리고 전국에서 서울로

방탄소년단(BTS) 제이홉, 세븐틴(SEVENTEEN) 도겸, 엑소(EXO) 수호, 강다니엘. 이제는 전 세계가 열광하는 슈퍼스타 아이돌 멤버들의 공통점은 무엇일까? 그것은 이들이 모두 전남 출신이라는 것이다. 제이홉은 광주, 도겸은 신안, 수호는 순천, 강다니엘은 여수 출신이라고 알려져 있다.

전남은 전국에서 출산율이 가장 높은 지역이다. 출산율이 높으면 한 세대의 구성원 수도 많을 것 같은데 오히려 1.97명으로 전국에서 가장 적다. 게다가 고령화 비율은 24.7%로 전국에서 가장 높은, 고령화가 가장 많이 진행된 도시다. 보통 출생률이 높다고 하면 전국 평균에 비해 세대당 인원수가 많고, 고령화 속도는 상대적으로 더딜 것으로 예상한다. 그래서 전남의 세대당 인원수가 전국에서 가장 적고, 동시에 고령화가 가장 빠르게 진행되는 것은 논리적으로 맞지 않는 현상처럼 보인다.

전남은 장점이 많은 지역이다. 역사적, 문화적, 자연적, 산업적 특색이 어우러진 지역으로, 각 도시가 고유한 매력을 지니고 있다. 해양 산업과 철강 산업부터 농업과 관광에 이르기까지 다양한 산업이 발달해 있으며, 이는 지역 경제와 주민들의 삶에 큰 영향을 미친다.

또한 전국에서 경북과 강원도 다음으로 면적이 넓어서 1인당 사용하는 도시지역의 면적도 매우 넓다. 주거 면적이 41평, 녹지 면적은 무려 266평이다. 주택 유형 중 아파트 비중이 46.3%로, 제주도 다음으로 아파트 비중이 적은 도시이기도 하다.

넓은 면적, 저밀도 주택에서 쾌적하게 거주하기에는 좋을 수 있지만 이는 그만큼 도시화가 덜 되었다는 반증이기도 하다. 일자리나 학군 인프라도 다른 지방에 비해서 적은 편이다 보니 출산율은 높아도 인구의 이동이 많은 대표적인 지역 중 하나다. 그렇다면 전남에서 태어난 아이들은 다 어디로 갔을까?

전남과 반대의 특성을 보이는 지역이 있다. 바로 대한민국의 수도인 서울이다. 서울의 면적은 605.2km²로 전국의 고작 0.6%에 불과한 작은 도시다. 그런데 인구수는 약 940만 명으로 전국에서 경기도 다음으로 많고 3위인 경남(3,239,224명)보다는 약 6백만 명, 즉 3배가 많다.

출산율이 전국에서 독보적으로 낮음에도 불구하고, 서울의 초등학교 학생 수는 약 38만 명으로 전국 초등학생 수의 14.6%를 차지하며, 이는 전남 초등학생 수의 4.4배에 달하는 규모다. 또한 전국에 있는 73곳의 사립초등학교 중 절반이 넘는 38곳이 서울에 집중되어 있다.

사업체 종사자 수는 경기도 다음으로 많은 470만여 명이지만, 인구수 대비 전체의 약 49.8%로 경기도 25.9%보다 훨씬 많은 비중이 사업체에 종사하고 있다.

일자리와 학군 인프라가 훌륭하다 보니 학군 유목민과 일자리 유목민들이 서울로 몰린다. 출산율이 0.5로 세계 최저라고 해도 고령화 비율은 17.4%로 전국과 유사한 수준이다. 좁은 땅에 인구가 몰려 밀도가 너무 높다. 서울 도시지역의 1인당 주거 면적은 10.47평, 상업 면적은 0.83평, 녹지 면적은 7.5평으로 매우 작다. 그럼에도 불구하고 주택 공급 부족이 이슈가 될 때마다 그나마 남은 그린벨트 지역 해제 카드를 꺼낸다.

서울은 인구 감소 시대에도 글로벌 수준의 인프라를 갖추고 많은 인구가 밀집해 사는 활기찬 도시라고 할 수 있지만, 동시에 좁은 땅에서 높은 비용을 감수하며 살아가는 부담스러운 도시이기도 하다. 그러나 서울이라는 도시가 가지고 있는 화려한 매력에 서울 및 수도권으로 인구는 계속해서 이동하고 있고 부동산의 자산가치에도 큰 영향을 주고 있다.

인구가 늘어나는 지역, 인구가 줄어드는 지역

전국적으로 인구 감소가 본격화된 2021년 이후에 인구수와 세대수 각각에서 가장 많이 감소한 7개 지역은 서로 순위만 다를 뿐 서울, 부산, 울산, 전북, 전남, 경북, 경남으로 동일하다. 반면 가장 많이

순위	지역	인구수
1	경북	-3.26%
2	서울	-2.95%
3	부산	-2.93%
4	울산	-2.87%
5	전북	-2.76%
6	경남	-2.69%
7	전남	-2.58%

순위	지역	세대수
1	서울	-1.16%
2	전남	-2.04%
3	경북	-2.21%
4	부산	-2.22%
5	경남	-2.73%
6	울산	-2.87%
7	전북	-2.91%

순위	지역	인구수
1	세종	8.42%
2	인천	1.85%
3	경기	1.51%
4	충남	0.43%

순위	지역	세대수
1	세종	11.14%
2	인천	6.41%
3	경기	5.24%
4	충남	5.23%

출처 : KOSIS

증가한 지역은 세종, 인천, 경기, 충남이며 순서도 완전히 같다.

서울은 인구와 세대수가 모두 감소했지만 사실상 경기와 인천 인구의 많은 비율은 서울 생활권에 산다고 봐야 한다. 재건축 및 재개발 사업으로 서울에 주택 공급이 원활하게 되지 않자, 서울로 출퇴근하기 용이한 지역에 대규모 신도시들을 만들면서 인천과 경기의 인구가 늘어난 것이기 때문이다.

반면에 같은 생활권역인 부울경(부산, 울산, 경남) 지역은 인구와 세대수가 동반 감소하는 커플링 현상이 나타나면서, 생활권역 자체가 무너져가고 있는 상황이다.

이처럼 인구가 자연 감소될 때보다 인구 이동으로 인해 사회적 감소가 이루어질 때 지역별 양극화가 심화된다. 지역별 양극화를 경제적인 관점에서 보면 인구가 집중되는 수도권은 긍정적인 영향을, 반면 인구가 유출되는 지방은 부정적인 영향을 받는 것으로 해석할 수 있다. 그러나 환경적인 관점에서는 오히려 반대의 현상이 나타나, 수도권은 기후와 대기질 악화가 빠르게 진행되면서 비수도권에 비해 쾌적하지 못한 환경에 노출된 삶을 살게 된다.

삶의 질 측면에서 보면, 모두에게 해당되지는 않겠지만 수도권은 높은 인구밀도와 교통 체증, 급격히 상승하는 주거비로 인한 부담이 크고, 비수도권은 인구 유출로 인한 상실감과 공공 인프라 부족, 부동산 자산가치 하락 등으로 인해 양쪽 모두의 삶이 반드시 좋아진다고 말하기는 어렵다.

이러한 현상은 부동산시장에도 큰 변화를 가져올 것으로 예상된다. 앞으로 더 많은 젊은 세대가 수도권으로 몰리면서 지방 소멸이 가속화되고, 수도권, 주변 도시, 그리고 지방 간의 집값 양극화가 심화될 것이라는 전망이 가장 먼저 제기되고 있다. 지방에서는 예산 부족으로 인해 공공시설 유지 보수가 어려워지고, 인프라가 점점 낙

후될 가능성이 크다. 또한 수요 부족으로 인해 재건축 사업이 불가능해지고, 빈집이 증가하면서 슬럼화가 진행될 것이라는 극단적인 의견도 나오고 있다.

2006년에 초고령화 사회로 진입한 일본의 사례는 이러한 현상을 증명하고 있다. 현재 일본의 빈집 수는 약 800만 가구에 이르며, 2040년에는 1,500만에서 2,000만 가구에 달할 것으로 예상된다. 이에 일본 정부와 기업들은 빈집을 매입해 다른 용도로 활용하는 등 다양한 대책을 펼치고 있다.

우리나라는 고령화 속도가 일본보다 빠르기 때문에 30년 후 고령자 비중이 40%를 넘을 가능성이 있으며, 일본보다 더 적극적인 대책이 필요하다. 현실적인 해결책으로는 거점도시 개발이 거론되고 있지만, 그 구조와 역할 분담에 대한 논의는 앞으로 지속적으로 이루어져야 할 것이다.

서울은 2010년 초반부터 진행되었던 재정비 사업 규제로 인해 이미 오랜 기간 주택 공급이 부족해왔고 2026년을 기점으로 입주 예정 물량이 급감하기 때문에 공급과 관련된 이슈는 장기화될 것이다. 그런데 사실 공급에는 왕도가 없고 공급하기 좋은 상황이 마련된다고 하더라도 실제로 입주할 수 있는 시기까지는 약 3년 정도의 시차가 발생한다.

많은 아이돌이 있지만 방탄소년단이 특별한 매력으로 전 세계적인 인기를 끌듯이, 서울 역시 그 매력적인 인프라와 기회 때문에 인구가 계속 몰린다면 마치 홍콩이나 싱가포르 같은 도시국가의 형태로 변해버릴 수 있다.

인구 감소를 극복할 즉각적인 해결책은 없다. 이미 대비가 늦어진만큼 장기적인 해법을 마련하고 끊임없이 노력하는 것이 중요하다.

집은 많아도 주택은 부족?
질적 수요도 주목하자

우리나라의 수도권에는 여전히 주택 공급이 부족하다.
양적 수요 이상의 질적 수요가 주택시장의 중요 변수이며,
이는 정부의 정책적 개입이 필수여야 하는 이유가 된다.

주택시장은 애덤 스미스의 '보이지 않는 손'이 잘 작동되지 않는 사례 중 하나다. 주택은 필수재여서 공급이 비탄력적이고 투기, 심리 등의 요인이 크게 작용하기 때문이다. 주택보급률이 100%를 넘었음에도 수도권에 대한 수요가 계속 늘면서 서울 등 대도시는 주거 공급이 부족한 상황이 지속되고 있다. 주택시장의 안정성을 위해서는 정부가 지역별 특성과 수요를 반영한 정책 개입이 필요하며, 단순히 양적 공급을 넘어서 질적 수요에도 주목해야 한다.

보이는 손이 필요한
대한민국의 주택시장

"보이지 않는 손이 세상을 움직인다." 영국의 경제학자 애덤 스미스가 『국부론』에서 주장한 '보이지 않는 손'은 국가가 시장의 흐름에 개입하지 않는 대신 시장은 보이지 않는 손, 즉 수요와 공급의 균형을 통해 자원 배분이 자연스럽게 이루어진다는 이론이다. 이것은 주택시장에도 적용될 수는 있지만, 현실적으로는 많은 한계가 존재한다. 필수재라는 주택의 특성과 투기와 심리 등 비이성적 요소, 시장 실패 가능성, 지역적 불균형 등이 보이지 않는 손의 자연스러운 작동을 방해하는 주요 요인이다. 따라서 주택시장에서는 자유 시장의 자율적 조정 능력에만 의존하기보다는, 시황과 지역에 따라 정부의 적절한 개입과 정책이 함께 작동해야 시장의 안정성과 공정성을 보장할 수 있다.

주택시장에서 정부가 할 수 있는 정책은 크게 공급과 수요 2가지가 있고, 세부적으로는 재정비, 신규 택지, 청약, 세제, 금융, 임대시장 관리, 주거복지 등이 있다. 역대 정부도 시대에 맞게 위와 관련된 다양한 정책을 써왔다.

예를 들어 코로나-19 시기에 전 세계적으로 풍부한 유동성으로 인해 수요가 급증하자 이를 억제하기 위한 세제나 금융 임대차 시장 등에 강력한 수요 규제 정책을 써왔다. 그리고 코로나-19가 종료되면서 급격한 금리 인상을 겪자 그간 강화되었던 수요 규제는 최소화하는 반면 수도권 위주의 대규모 공급 정책을 펼치고 있다. 그러나 높아진 금리와 원자재 가격, 인건비 등 비용 급증으로 인한 사업성 악화로 진도가 나가지 못하고 있고 이런 상황은 장기화될 것으로 예상된다.

주택 시장에서 보이지 않는 손이 잘 작동되지 않는 이유 중 하나가 공급의 비탄력성 때문이다. 주택은 건설 기간이 많이 소요되기 때문에 수요에 즉각적으로 대응하기가 어렵다. 다가구나 다세대, 도시형생활주택 등의 소규모 주택은 6개월에서 1년 정도면 공급이 가능하지만 대부분의 수요자들이 선호하는 아파트 공급은 5년에서 10년 이상도 걸린다. 이에 반해 수요 심리는 매우 탄력적이어서 수요가 한 번 움직이기 시작하면 특별한 이유 없이도 시장이 과열될 수도 있기 때문에 정부의 중장기적이고 적절한 주택 공급 정책은 매우 중요하다.

그런데 정부는 3기 신도시나 1기 노후계획도시 재정비, 서울 위주의 재정비 사업 완화 등 수도권 위주의 주택 공급을 대폭 확대하는 정책들을 쓰고 있다. 그동안 수도권에 이미 많은 신도시 개발 등을 통해 주택을 건설했는데 왜 계속 수도권에만 집을 짓는 것인지, 이런 정책은 지역 양극화를 더 가속화시키는 것은 아닌지 의문이 들 수 있다.

주택보급률은 100%가 넘었는데
수도권에 공급을 계속하는 이유

과거에는 절대적인 주택 수가 부족했기 때문에 주택난은 국가가 해결해야 할 가장 큰 과제 중 하나였다. 특히 서울로 몰려드는 사람들이 무허가 판자촌을 짓고 거주하기 시작할 정도로 주택난이 심각해지자, 1970년대 이후 강남 개발을 비롯한 대대적인 택지 개발과 재개발 등을 총동원해서 주택 공급을 확대했다.

그 결과 2008년에 전국 주택보급률은 100%를 넘어 100.7%가 되었다. 하지만 수도권의 주택보급률은 여전히 100%를 넘기지 못하고 있다.

주택보급률은 해마다 조금씩 높아져서 2019년에 104.8%로 가장 높았다가 2020년 이후 낮아지고 있는 추세다. 주택보급률은 단순하게 주택 수를 일반 가구 수로 나눈 것으로 주택 공급량의 적정성을 판단하는 하나의 지표로 활용하고는 있지만, 절대적인 지표는 아니다. 지역별, 소득별, 가구별로 주택 수요와 공급의 니즈가 다르기도 하고 다주택자나 임대주택자 등에 대한 부분은 빠져 있기 때문이다.

2022년 기준으로 주택보급률이 100% 미만인 지역은 서울과 대전, 인천이고, 가장 높은 지역은 경북과 전남이다. 지방의 주택보급율이 가장 낮고 광역시, 수도권 순으로 주택이 부족한 상태다.

주택보급률 상승의 요인으로는 공급된 주택 수가 증가했거나, 가

● 연도별 주택보급률 ●

(단위 : %)

구분	전국	수도권	지방	서울
2007년	99.6	95.0	–	93.2
2008년	100.7	95.4	–	93.6
2009년	101.2	95.4	–	93.1
2010년	100.5	96.4	104.3	94.4
2011년	100.9	96.8	104.6	94.7
2012년	101.1	97.3	104.7	94.8
2013년	101.3	97.3	105.1	95.1
2014년	101.9	97.7	105.8	96.0
2015년	102.3	97.9	106.5	96.0
2016년	102.6	98.2	106.8	96.3
2017년	103.3	98.3	107.9	96.3
2018년	104.2	99.0	109.1	95.9
2019년	104.8	99.2	110.1	96.0
2020년	103.6	98.0	108.9	94.9
2021년	102.2	96.8	107.4	94.2
2022년	102.1	96.6	107.5	93.7

* 2005년부터 등록센서스 방식으로 변경되면서 2010년 자료부터 재산정.
출처 : KOSIS, 新주택보급률

(단위 : %)

구분	2018년	2019년	2020년	2021년	2022년	전년 대비	2022년 순위
전국	104.2	104.8	103.6	102.2	102.1	-0.1	
수도권	99.0	99.2	98.0	96.8	96.6	-0.2	
지방	109.1	110.1	108.9	107.4	107.5	0.1	
서울	95.9	96.0	94.9	94.2	93.7	-0.5	17
부산	103.6	104.5	103.9	102.2	102.6	0.4	12
대구	104.0	103.3	102.0	100.7	101.4	0.7	13
인천	101.2	100.2	98.9	97.5	97.9	0.4	15
광주	106.6	107.0	106.8	104.5	105.2	0.7	10
대전	101.6	101.4	98.3	97.0	97.2	0.2	16
울산	110.3	111.5	110.2	108.6	108.4	-0.2	8
세종	110.0	111.4	107.3	107.5	105.6	-1.9	9
경기	101.0	101.5	100.3	98.6	98.6	0.0	14
강원	109.6	112.8	110.6	110.0	110.0	0.0	5
충북	113.8	114.5	112.8	111.7	111.6	-0.1	3
충남	112.7	113.3	111.5	109.9	110.3	0.4	4
전북	109.4	110.5	110.4	108.9	109.2	0.3	7
전남	112.5	113.6	112.6	111.7	112.4	0.7	2
경북	116.1	117.3	115.4	113.7	113.2	-0.5	1
경남	110.1	112.1	111.8	110.0	109.3	-0.7	6
제주	107.0	109.2	107.0	105.0	104.3	-0.7	11

출처 : KOSIS, 新주택보급률

구 수가 감소했을 가능성이 있다. 예를 들어 주택 수는 그대로인데 도 불구하고 가구 수가 줄어들면 보급률이 자연스럽게 높아질 수 있다. 또 다른 경우로, 가구 수는 변함이 없더라도 주택의 멸실(철거나 파손 등으로 사라지는 주택)이 적은 경우 역시 주택보급률 상승의 원인이 될 수 있다.

반대로 주택보급률이 낮아지는 현상은 주택 공급이 가구 수의 증가 속도를 따라가지 못할 때 발생할 수 있다. 또는 주택 수는 일정하지만 가구 수가 급증하거나, 한 가구에서 여러 채의 주택을 보유하는 경우도 보급률을 낮추는 요인이 된다.

따라서 수도권에 공급되는 주택 수가 지방보다 많음에도 불구하고 주택보급률이 여전히 100%를 넘지 못하는 이유는, 수도권으로 이동하는 가구 수가 그만큼 많고 수도권 주택을 대상으로 한 다주택자 비율도 높기 때문이다.

현재의 주택보급률을 볼 때 고려해야 할 한계점

주택보급률은 단어가 주는 의미가 직관적이고 계산식도 간단해서 특정 지역에 주택 수가 여유가 있는지 또는 부족한지를 판단할 때 흔히 사용하는 양적 지표다. 주택보급률이란 말 그대로 주택이 얼마나 보급되었는지를 나타내는 것이고 주택 수를 가구 수로 나누는 방식으로 계산한다.

계산 공식은 '주택보급률 = 주택 수 / 가구 수 × 100'이다. 이 계산식 자체는 매우 심플하지만 주택과 가구의 수를 어떻게 정의하고 있는지에 따라서 정확한 지표가 될 수도 있고, 오류가 있는 지표가 될 수도 있다.

먼저 주택 수에는 단독주택, 다가구주택과 아파트, 연립주택, 다세대주택 등이 포함되고 비주거용 건물에 있지만 주택으로의 요건을 갖춘 거주 공간도 포함된다. 흔히 상가 주택이라고 불리는 건물에서 주택으로 사용하는 호수를 말하는 것이다. 이외에 오피스텔 등과 같은 준주택과 비닐하우스 등의 비주택은 포함되지 않는다. 기숙사나 고아원, 수도권이나 사찰 등의 종교 시설도 주택으로 보지 않기 때문에 산정에서 제외하고 있다.

주거용 오피스텔은 1인 가구가 흔하게 임차 목적으로 거주를 하는 건축물임에도 불구하고 세법에서만 주택으로 간주해 포함시키고 있고, 그 외 청약이나 금융 등의 각종 통계에서는 주택에서 제외되고 있다.

가구 수를 이야기할 때 흔히 세대수와 혼용되어 사용하는데, 가구 수와 세대수의 의미는 다르다. 먼저 세대수는 한 가구 내에 존재하는 세대의 수를 의미한다. 주로 가족 내에서 서로 다른 세대에 속한 사람들이 함께 거주할 경우, 그 집에는 여러 세대가 존재한다고 본다.

따라서 가구 수는 물리적 거주 단위를 뜻하며, 세대수는 그 가구 내에서 몇 세대가 함께 거주하는지를 나타내는 개념이다.

가구 수는 일정한 지역에서 같은 집에 거주하며 생활을 하는 가구의 수를 의미한다. 즉, 주택을 기준으로 몇 가구가 거주하는지를 나타내는 지표로 혈연 관계가 아니라도 같은 집에서 함께 생활하는 사람들의 집단을 의미하는데 일반가구, 집단 가구, 외국인 가구로 구분되어 있다. 일반가구는 흔히 생각하는 가구를 의미하고 집단 가구는 기숙사나 요양원, 보육원 등 집단으로 거주하는 가구를 말하며 외국인 가구는 말 그대로 한국에 거주하는 외국인 가구를 말한다.

외국인 거주자 비중이 높아진 상황에서 외국인 가구를 제외하는 것은 시대의 흐름을 빠르게 반영하지 못하는 것으로 보인다.

서울의 주택보급률이 전국에서 가장 낮다는 사실과 지표에 사용되는 주택과 가구를 정하는 방식을 고려했을 때, 얼죽신(얼어 죽어도 신축 아파트)이라는 신조어가 탄생할 정도로 신축 아파트 선호 현상이 나타나는 것이 충분히 이해된다. 이는 단순히 주택 공급의 양적인 문제를 넘어 주택의 질과 형태에 대한 선호도가 서울 시장에서는 매우 중요한 변수로 작용하고 있음을 보여준다.

특히 전국 주택 가격에 비해 서울 아파트 가격만 크게 상승하는 현상은 서울의 낮은 주택보급률과 높은 수요 압박의 상황을 반영한다. 서울은 인구밀도가 높고 생활 편의성 및 인프라가 뛰어난 지역으로, 상대적으로 신축 아파트에 대한 수요가 집중될 수밖에 없다.

이로 인해 서울에서는 기존의 주택이 아닌 신축 아파트에 대한 선호도가 주택시장의 주요 동인이 되어, 가격 상승이 더욱 두드러지게 나타나고 있다.

따라서 이러한 현상은 주택보급률이 단순한 수치 이상의 의미를 담고 있으며, 서울에서는 주택의 양뿐만 아니라 주거의 질적 수요가 시장을 좌우하는 중요한 요소임을 확인할 수 있는 대목이다.

'어떻게' 주택을 공급할지가 핵심이다

지금은 주택을 '얼마나 빠르게 공급할 것인가'보다
주택을 '어떻게 공급할 것인가'가 중요하다.
지방 활성화와 인구 분산을 위한 전략적 정책을 병행하자.

수도권 주택 문제는 단순 공급 확대로 해결하기 어려운 단계에 이르렀다. 인구 집중이 가속화되는 가운데 지역 불균형 해소와 양질의 주거 환경이 필요하다.

기존처럼 재건축과 신도시 개발에 치중하기보다는, 녹지 보존과 재정비 사업을 통해 지역 특성을 살리면서도 인프라가 갖춰진 구도심을 활용하는 방향이 요구된다. 또한 수도권 주택 정책이 단기적 수요 해소에 그치지 않고, 전국적 균형 발전과 환경 보전까지 고려하는 장기적 관점에서 이루어져야 할 때다.

'어떻게' 공급할 것인가를
고민해야 할 때다

수도권 인구가 폭발적으로 증가하면서 주택난 해결과 국민 주거 안정은 정부의 가장 중요한 정책 과제가 되어왔다. 그러나 대한민국이 불과 한두 세대 만에 선진국으로 빠르게 도약하고, 도시가 발전하면서 이제 주택 정책은 양(Quantity)뿐만 아니라 질(Quality)까지 고려해야 할 시점에 이르렀다.

수도권의 주택보급률은 여전히 낮고, 지방에서 수도권으로의 인구 이동이 지속되는 가운데 1인 가구 비중도 증가하고 있어 수도권 주택 공급은 매우 필요한 상황이다. 그러나 반대로 지방에서는 인구가 급감해 '지방 소멸'이라는 말이 나올 정도로 지역 간 양극화가 심화되고 있다.

지역 양극화는 단순히 지역적 차이에서 끝나는 것이 아니라 어느 지역 출신인지에 따라서 자산 불균형과 빈부격차의 심화를 불러올 수 있으며, 특히 주택 소유 여부에 따라서 격차가 더 커질 수도 있다. 그렇게 되면 중산층은 점차 주택을 소유하기가 어려워지면서 중산층이 사라질 것이고, 일부 자산가들에게 부와 권력이 더욱 집중되는 사회 전반의 기회 불균형을 심화시킨다.

자본주의 사회에서 경쟁에 따른 불균형은 필연적일 수 있지만, 이를 방치하기보다는 완화하거나 균형을 맞출 수 있는 방법을 찾는 것이 정부 정책의 역할일 것이다.

따라서 수도권 주택 공급 계획에 있어서 단순히 수도권 인구 증가만을 기준으로 삼기보다는, 전국적인 균형 발전을 고려한 종합적인 접근이 필요하다. 수도권 인구 집중이 주택 수요 증가로 이어지기는 하지만, 그와 동시에 지방 소멸 문제도 심화시키기 때문에 수도권의 주택난 해결뿐만 아니라 지방 활성화까지 포괄하는 전략적 접근이 요구된다.

균형 발전을 위해서는 지방의 인프라를 개선하고 경제적 기회를 창출해 인구 분산을 유도하고, 수도권 과밀화를 완화하는 정책이 필수적이다.

따라서 지금은 '얼마나 빨리 주택을 공급할 것인가?'보다 '어떻게 주택을 공급할 것인가?'에 대한 고민이 필요한 시점이다. 당장 일부 지역의 주택 가격이 오른다고 해서 기존에 해왔던 방식대로 재건축, 재개발 사업에 용적률을 높여주고 서울 인근 지역의 그린벨트를 해제해서 신도시를 건설하는 식의 공급 방식은 당장의 주택 부족 문제를 해결할 수는 있겠지만 장기적으로는 서울이라는 도시의 매력을 크게 떨어뜨린다.

특히 그린벨트를 해제해서 신도시를 조성하는 것은 자연 환경을 해칠 뿐만 아니라, 미래 세대에게 파괴된 자연과 아파트만 가득 찬 도시를 물려주게 되는 결정이다. 단순히 녹지공간이 사라지니 개발 제한구역은 무조건 보존해야 한다는 뜻은 아니다. 그린벨트를 해제

하더라도 귀한 그 땅을 어떻게 활용할 것인가에 대한 고민이 더 필요하다는 것이다.

그린벨트를 해제해서라도 주택을 공급해야 한다고 주장하는 사람은 이미 훼손되어 그린벨트로써의 역할을 하지 못하는 땅을 활용하면 된다고 말한다. 그러나 이러한 접근은 문제의 본질을 간과한 것이다. 그린벨트는 단순한 개발제한구역이 아니라 도시의 환경을 보호하고 지나친 팽창을 막으면서 자연과 사람이 조화를 이루며 살 수 있도록 하는 매우 중요한 역할을 한다.

그런데 그린벨트를 해제하자는 말은 마치 공기를 깨끗하게 걸러주는 공기청정기의 필터가 어차피 막혔으니 이를 그냥 떼어버리고 선풍기처럼 쓰자는 이야기와 같다. 필터가 막혔다면 필터를 청소하고 복원해서 다시 제 기능을 할 수 있도록 만들어야 하는 것이다.

훼손된 그린벨트는 본래의 목적을 잃은 상태일 수 있지만, 그 가치를 무시하고 아파트를 짓겠다는 것은 도시의 지속 가능한 발전을 저해하는 것이다. 또한 전 세계가 기후 변화와 생태계 보호를 위해 녹지 복원과 자원 보전에 집중하고 있는 상황에서 국제적인 환경 보전 노력과도 완전히 동떨어진 발상이다.

대한민국의 아파트 단지는 신축 대단지일수록 지어지는 순간 외부와 단절되는 거대한 성과 같은 공간이 되는 경향이 있다. 훼손지 등의 그린벨트를 해제해서 아파트 단지를 짓게 되면 토지 비용이 적게 들어갔기 때문에 입지가 우수한 지역에 낮은 분양가로 나와, 소위 로또청약에 당첨되는 일부에게는 일생의 행운이 될 수 있겠지만 다수에게는 그린벨트가 그레이벨트로 바뀌는 것과 다름없다.

따라서 그린의 역할을 못하는 훼손지를 해제해서 뉴욕의 센트럴 파크나 런던의 하이드 파크처럼 공원화 사업을 확대하거나, 싱가포르의 가든스 바이 더 베이처럼 도시 속 정원을 조성하게 된다면 수도권 주민들에게는 자연 친화적인 삶을 누릴 수 있는, 외국인들에게는 서울이라는 도시의 매력을 느끼게 할 수 있는 기회가 될 것이다.

지속 가능성이 부족한 도시는 사람들이 살고 싶어 하거나 외국인들이 방문하고 싶어 하는 매력적인 도시와는 거리가 멀다. 인구 감소와 고령화 시대를 앞둔 상황에서 주택 공급을 늘리려면 단순히 주택 수만 증가시키는 것이 아니라, 도시의 질적 성장과 환경 보전을 동시에 고려한 종합적인 도시 계획이 필요하다.

그때는 맞았지만 지금은 달라진 주택 공급 환경

그럼 수도권의 주택 공급을 어떤 방식으로 할 수 있을까? 대한민국 주택 공급은 아파트 중심으로 이루어져 왔다. 전국의 아파트 비중은 64%이고, 수도권은 65.5%가 아파트다. 최근에는 비아파트 전세 사기가 사회적으로 이슈가 되면서 비아파트를 선호하지 않는 현상이 심화되어 아파트의 인기는 더 높아졌다. 주택 공급 사업을 하는 입장에서는 성공적인 분양이 예상되지 않으면 공급을 꺼릴 수밖에 없으니 아파트의 인기는 당분간 이어질 것이며 그 비중은 더 높아질 것이다.

그런데 서울을 포함한 대도시에서는 노후 아파트 비율이 높아지면서 재정비의 필요성도 커지고 있다. 2023년 말 기준, 전국에 15년 이상 된 노후 아파트 비율은 64.55%이며, 서울, 대전, 광주는 70% 이상이 노후 아파트다. 세종, 경기, 충남처럼 신도시가 많이 생긴 지역은 상대적으로 노후 아파트 비율이 낮지만 오래되고 성숙한 구도심일수록 노후 아파트 비율은 높다.

외국에서는 오래된 주택을 정기적으로 관리하면서 장기간 거주하는 경우가 많지만 우리나라는 많은 사람들이 아파트에 살고 있고 준공된 지 30년 이상이 되면 내구성이 떨어지기 시작한다는 인식이 강하다. 또한 최근에 지어지는 신축 아파트와 노후 아파트 사이의 외관이나 설계 구조, 주차장, 엘리베이터 같은 공용 공간과 커뮤니티 시설의 차이가 크기 때문에 한 번이라도 최신 아파트 분양 모델하우스에 방문하거나 신축 아파트에 입주한 지인의 집에 방문해본 경험이 있다면 모두가 재건축을 통한 신축을 꿈꾸게 된다.

실제로 지금 재건축 대상인 아파트들이 지어진 1970~1980년대에는 건축 기술이 현재만큼 발달하지 못해서 시간이 지나면서 수도와 전기 시스템, 외벽 등의 노후화가 심해 생활에 불편함을 줄 수 있다.

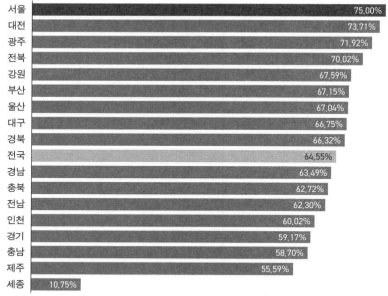

　　재건축 아파트 소유자들은 재건축 사업을 빨리 하고 싶어 하지만 서울의 재건축 사업은 사실상 10년 넘게 지연되고 있는 상황이다. 2011년부터 2021년까지는 대부분 사업성은 좋았으나 관련된 규제가 강화되었고, 2022년 이후 정책은 완화되었으나 사업성이 나오지 않고 있다.

　　2011년에 서울시는 서울의 주택보급율이 충분하다는 이유로 재건축 및 재개발에 대한 규제를 강화했고, 뉴타운 사업을 축소하는 등 많은 재개발 구역을 해제하거나 사업을 지연시켰다. 규제가 완화된 이유는 재건축을 하기 위해서 소요되는 토지비, 건축비, 인건비, 금융비 등 모든 비용이 급등했다. 따라서 아무리 절차상 빠르게 진행될 수 있도록 제도적 완화가 이루어졌다고 해도 사업성이 확보되기 전까지 재건축 사업을 통한 주택 공급은 어려울 것이다.

이는 단독 및 연립 주택들이 우후죽순 지어지고 무질서한 도로나 주차 등의 기반 시설로 인해 거주하기에 열악한 지역의 주거 환경과 도시 경관을 재정비함으로써 신규 주택을 공급하는 재개발 사업도 마찬가지다.

전국의 재건축 구역은 859곳이고 재개발 구역은 1,099곳으로, 재정비 대상 구역은 총 1,958곳이 있다. 전국에서 서울이 741곳으로 가장 많고, 이를 수도권까지 확대하면 1,182곳으로 전국의 60.4%의 재정비 구역이 수도권에 몰려 있다.

공급 대비 수요가 많은 서울은 재정비 구역 지정이 집중되어 있는 지역들을 묶어서 대규모 정비 사업 구역으로 재지정하는 것도 방법이 될 수 있을 것으로 보인다. 거주에 필요한 모든 인프라를 이미 갖추고 있는 구도심 내에서 신도시 건설 계획을 세우는 것이다.

"난 어차피 경기도민이니까 어딜 나가도 서울 나들이다, 그러니까 약속 장소 편하게 정해라, 내가 그러긴 했어. 그래도 적어도 경기도 남부냐 북부냐 동부냐 서부냐 이건 물어봐야 되는 거 아니니?" 2022년에 종영된 〈나의 해방일지〉라는 JTBC 드라마에서 나온 염기정의 대사다. 경기도 산포시에 사는 주인공이 경기도민의 교통난을 토로하는 장면은 수도권 외곽 신도시에 사는 경기도민 시청자들의 뜨거운 공감을 불러 일으켰다. 충분한 광역교통 대책을 마련하지 않고 아파트부터 공급한 1, 2기 신도시는 물론, 현재 GTX 라는 광역 교통 계획과 함께 진행되고 있는 3기 신도시도 교통의 어려움에서 완벽하게 해방되지는 못할 것이다.

경기도나 인천 등에 신도시를 개발해서 대규모 인프라와 주거 환경을 조성하는 방식은 교통망과 공공시설이 잘 갖춰져 있다면 쾌적한 생활이 가능하지만, 안정기에 접어들기 전까지는 교통과 생활 편의시설 부족으로 불편을 겪을 수 있다. 그리고 그 인프라를 만드는 것에 어마어마한 비용이 사용된다.

신도시 건설이 재정비 사업에 비해 유리한 점도 많다. 처음부터 전반적인 도시 계획을 세워 진행되기 때문에 세종시처럼 교통, 상업, 주거, 녹지 공간 등을 최적화할 수 있다. 또한 재건축은 기존 조합원이 있기 때문에 실제 주택 공급에 기여하는 물량은 제한적인 반면 신도시에서는 대규모 물량이 나오기 때문에 주택 공급에 더 효과적일 수 있다.

한국처럼 주택 공급을 위해 신도시를 계속 건설하는 나라는 찾아보기 어렵다. 신도시를 통한 주택 공급을 해왔던 영국과 일본, 프랑스 등도 1980년 중반 이후부터 신도시 개발을 중단했다.

재정비 사업과 신도시 개발은 각각 장단점이 있기 때문에, 한쪽에 치중된 정책은 한계가 있을 수밖에 없다. 도심의 활력을 되찾기 위해서는 재정비 사업이 필요하고, 인구 분산과 주거지 확대를 위해서는 신도시 개발이 필수적이다.

그러나 인구 감소 시대에 수평적 확장인 신도시 개발보다는 재정비와 도시 재생을 병행한 수직적 확장이 더 필요해 보인다. 단위 필지의 재정비 사업에 용적률 상향 인센티브를 주면서 제각각 개발하면 도시의 미관을 해칠 수 있으니 1기 노후계획도시를 대규모로 함께 지정해 진행하는 것처럼 새로운 인구구조 변화에 맞춘 서울 재정비 구역 내의 신도시를 만드는 형태가 필요하다.

대한민국 부동산시장의
새로운 흐름

국가는 개인의 경제적 기회와 자산 형성에 결정적인 영향을 미치며,
세대 간 경제 환경 변화로 인해 젊은 세대는 과거와
다른 방식으로 부동산을 대할 것이다.

자산 형성의 가장 중요한 요인은 '국가'다. 개인의 경제적 기회는 어떤 나라에서 태어나고 성장했는지에 따라 크게 달라지기 때문이다.

대한민국의 경우, 세대마다 경험한 경제 환경이 달라 자산에 대한 인식도 각기 다르다. 부모 세대는 부동산 투자를 자산 증식의 주요 수단으로 삼았지만, 젊은 세대는 공유 경제와 개인의 삶의 질을 중시하며 주거 선택에서 취향과 자율성을 더 중요하게 여긴다. 이는 부동산시장에 큰 변화를 예고하며, 미래의 주거 공간은 자산보다는 삶의 가치를 반영하는 방향으로 나아갈 필요가 있다.

자산 형성의 가장 중요한 요인은
다름 아닌 '국가'다

"한 사람이 자산을 형성하는 데 있어 가장 중요한 요인은 무엇일까요?" 부동산 강연의 마지막에 자주 제시하는 질문이다. 질문에 대한 답으로 흔히 교육, 소득, 재테크, 결혼, 습관, 운 등이 나온다. 모두 그럴듯한 답변이지만, 필자가 정답으로 제시하는 것은 국가다.

내가 만일 South Korea가 아니라 North Korea에 태어났다고 상상해보라. 지금처럼 자유를 누리면서 고등 교육을 받고 경제활동을 하고 있지는 못할 가능성이 크다.

그만큼 국가는 개인의 운명에 큰 영향을 미친다. 국가는 단순한 생활의 터전 이상으로, 정치, 경제, 법률, 정책, 사회적 안전망 등을 제공하는 경제 동맹체이기 때문이다. 어떤 국가에서 태어났는지, 어떤 경제 환경 속에서 살아가는지는 개인의 경제적 기회와 자산 형성에 결정적인 영향을 미친다. 예를 들어 경제가 안정적이고 사회적 이동성이 높은 국가에서는 자산을 축적할 수 있는 기회가 상대적으로 많지만, 경제 불안정성이 높은 국가에서는 자산 형성이 더 어려워질 수 있다.

그런데 대한민국은 국적은 같지만 세대마다 마치 다른 나라에서 태어난 것처럼 정치·경제·사회적 배경이 다르다.

1950년대 한국전쟁 이후 한국은 매우 가난한 나라였고, 경제는 거의 붕괴 상태였다. 1960년대에 접어들면서 본격적인 경제 개발이 시작되었고, 이를 통해 급속한 경제 성장의 기초가 마련되었다. 2000년대 이후에는 다양한 산업과 문화 등의 분야에서 두각을 나타내며 명실상부 선진국으로 자리를 잡았다. 1950년대에는 다른 나라의 원조를 받던 최빈국에서 불과 50여 년 만에 다른 나라를 도울 수 있는 선진국의 위치가 된 것이다.

전 세계적으로 유례가 없는 자랑스러운 성과지만, 그 과정에서 조부모 세대는 후진국에서, 부모 세대는 개발도상국에서, 자녀 세대는 선진국에서 자란 것과 같은 결과를 낳았다. 이에 따라 각 세대는 단순한 문화적 차이를 넘어, 자산 형성 방식, 경제적 가치관, 그리고 사회 시스템에 대한 이해도에서 큰 차이를 보이게 되었다.

부모 세대는 경제가 급속도로 성장해 부동산이 자산 증식의 주요한 수단이 되는 시기를 경험했다. 부동산 투자에 일찍 눈을 뜬 사람들은 주택 구매와 투자가 재산을 불리는 가장 확실한 방법이라는 믿음을 가지고 열광적으로 부동산시장에 뛰어들었다.

하지만 지금의 젊은 세대는 부모 세대와는 전혀 다른 환경에서 성장했다. 현재 대한민국의 젊은 세대는 첨단 기술과 자본주의가 깊이 뿌리내린 사회에서 태어났다. 이들은 공유 경제와 개인의 취향을 중시하는 문화 속에서 자라났으며, 공동체보다는 개인의 성향과 자율성을 더 중시한다. 이러한 배경 속에서 젊은 세대는 부모 세대처럼 부동산 투자에 큰 열의를 보일 가능성이 낮다.

현재의 젊은 세대가 주도하게 될 새로운 주택 수요

앞으로 대한민국의 주인이 될 젊은 세대는 철저한 자본주의와 개인주의의 가치를 내면화한 세대다. 그들은 부모 세대와 달리 부동산을 단순한 투자 대상으로만 보지 않는다. 오히려 자신의 취향에 맞는 공간, 삶의 질을 높여줄 수 있는 주택을 선택하고 그 안에서 자유롭게 살아가길 원한다. 1인 가구와 맞벌이 가구의 증가, 그리고 비혼 문화의 확산 등은 이들의 주거 형태와 선호 유형에 큰 영향을 미치고 있으며, 이는 기존의 부동산시장을 재편하게 될 중요한 요인으로 작용할 것이다.

따라서 대한민국의 부동산시장은 과거와 같은 방식으로 유지될 수 없다. 젊은 세대가 주도하는 새로운 주택 수요는 개인의 취향, 삶의 질, 경제적 자율성을 중시하는 방향으로 변화할 것이다. 이는 부모 세대가 경험한 부동산 투자 열풍과는 매우 다른 모습으로, 앞으로 부동산이 단순한 투자 대상이 아니라 삶의 가치와 경험을 중시하는 공간으로 변화하게 될 것임을 말해준다.

이러한 부동산시장의 새로운 변화는 부동산 개발자와 정책 입안자들에게도 매우 중요한 부분이다. 미래의 부동산은 단순히 자산 증식의 수단이 아닌, 개인의 삶과 경험을 반영할 수 있는 공간으로 설계되고 개발되어야 할 것이다.

부동산을 둘러싼 궁금증들이 단숨에 해결된다

표영호의 최소한의 부동산 공부

표영호 지음 | 값 19,000원

오늘날은 급여와 같은 고정 수입만으로는 부를 축적할 수 없는 시대가 되었다. 이런 시대에 저자는 부동산에 관한 정보가 공개적으로 공유되고 있고, 소수에 의해 주도되는 이른바 '기울어진 운동장' 형태의 투자가 아니라는 점에서 부동산 투자를 해볼 만한 가치가 있는 투자 수단으로 추천한다. 이 책을 통해 부동산에 관심이 있는 초보 투자자도, 수익을 내지 못하고 제자리를 맴도는 기존 투자자도 부동산 투자 계획을 세우고, 점검하고, 부를 창출하는 방법을 배울 수 있을 것이다.

부를 끌어당기는 부동산 수업

2024-2025 부동산 시장을 움직이는 절대 트렌드 7

권화순 지음 | 값 19,800원

부동산 투자는 시장 상황이나 정부 정책이 달라짐에 따라 많은 변수의 영향을 받을 수밖에 없다. 이 책은 오랫동안 <머니투데이> 기자로 활동해온 저자가 부동산 시장을 어떻게 바라봐야 하는지, 그 속에서 어떤 방법으로 투자를 해야 하는지 쉽게 풀어낸 책이다. 2024~2025년 사이에 변화되는 부동산 정책이나 법령 및 이슈들을 담아 가장 빠른 시일 안에 수익이 나는 부동산을 찾을 수 있게 해줄 것이다.

부동산은 심리전이다

박원갑 박사의 부동산 심리 수업

박원갑 지음 | 값 19,800원

부동산 대표 전문가인 박원갑 박사가 부동산과 심리를 쉽고 재미있게 엮은 책을 냈다. 부동산시장의 변동성은 시장 참여자들의 불안 심리에 비례한다. 이에 저자는 부동산시장을 움직이는 사람들의 내면 작용을 다각도로 분석했다. 부동산시장은 공급과 정책 외에도 인간 심리를 함께 읽어야 제대로 보인다. 저자가 제안하는 편향에 빠지지 않는 올바른 부동산 생각법을 체화한다면 어떤 상황에서도 합리적인 선택을 할 수 있을 것이다.

부동산 초보자도 술술 읽는 친절한 입문서

부동산투자 궁금증 100문 100답

최영훈 지음 | 값 19,800원

기자 출신 부동산 전문가가 부동산투자 전에 꼭 알아두어야 할 필수 상식들만을 엄선해 쉽게 정리한 부린이용 가이드 책이다. 계약서 작성부터 잔금 처리, 이사까지, 부동산 거래 전 과정에서 생길 수 있는 문제 상황의 예방법과 대처법 등 실생활에 도움될 내용이 가득하다. 동네 공인중개사가 알려주듯 친근하게 부동산 꿀팁을 전하는 저자의 목소리를 따라 내 집 마련과 투자에 앞서 다양한 리스크들을 체크하고 방지해 손해 없이 거래해보자.

스타벅스 건물주가 된 사람들의 성공 비결

나의 꿈 스타벅스 건물주

전재욱·김무연 지음 | 값 16,800원

이 책은 미지의 영역이던 스타벅스 건물주들의 비밀을 국내 최초로 파헤친다. 저자가 기자 특유의 취재역량을 발휘해 직접 발로 뛰어 수집한 전국 매장 1,653개의 등기부등본 2,454장을 꼼꼼히 분석한 결과다. 스타벅스가 선호하는 매장의 특징과 실제 임대료, 임대 과정 등 '스타벅스 입점 성공'의 공식을 다루는 저자의 통찰에 진지하게 접근한다면 나의 꿈 스타벅스 건물주가 아닌, 나의 '현실' 스타벅스 건물주가 될 수 있을 것이다.

최고의 부동산빅데이터 연구소 경제만랩의 부동산 대예측

빅데이터로 전망하는 대한민국 부동산의 미래

경제만랩 리서치팀 지음 | 값 16,500원

우리는 집값이 언제 오르고 언제 내리는지 궁금하다. 빅데이터 트렌드 분석을 통해 부동산시장을 파악하고 분석해 올바른 투자전략까지 세울 수 있는 책이 나왔다. 이제 단순히 감으로 부동산시장을 평가하는 시대는 끝났다. 부동산 데이터를 활용해 구체적인 시장분석이 가능해진 것이다. 미래가치가 높은 부동산을 파악하고 투자에 성공하고 싶다면 객관적인 데이터를 기반으로 한 이 책이 좋은 투자 전략서가 될 것이다.

성공투자를 위한 재개발·재건축 실전오답노트

세상에서 가장 친절한 재개발·재건축

장귀용 지음 | 값 16,000원

우리나라는 대다수 사람들이 대도시에 살고 있다. 사람들이 밀집해 거주하는 대도시는 주택난이 심각하다. 앞으로 재개발·재건축은 피할 수 없는 사업이다. 부동산 전문기자인 저자는 재개발·재건축 사업의 각 단계와 실제 사례를 정리해 한 권의 책에 담았다. 재개발·재건축 투자에 관심이 있는 사람이라면 반드시 알아야 할 내용만 담았다. 저자가 현장을 오르내리며 경험한 느낌을 고스란히 담아냈기 때문에 실질적인 투자에 도움이 될 것이다.

나는 한 달에 1천만 원 월세로 경제적 자유를 누린다

나의 꿈 월천족

정일교 지음 | 값 17,000원

이 책은 저자가 다가구주택 신축으로 어떻게 경제적 자유를 이루었는지를 보여주는 실천서다. 저자는 최소한의 종잣돈으로 월 1천만 원의 현금흐름을 만드는 비법을 가감 없이 공개한다. 잠자는 동안에도 현금이 들어오는 파이프라인을 구축하는 방법이 궁금한가? 저자가 친절하고 상세하게 공개한 수익형 자산투자와 현금흐름 창출을 위한 비법을 통해 돈과 시간으로부터 자유로워지는 법을 배우고 실천할 수 있을 것이다.

상담학자 아버지가 아들과 나눈 진솔한 교감의 편지

아들아, 사랑한다 믿는다 응원한다

권수영·권다함 지음 | 값 17,000원

한국 사회의 전형적인 부자 관계를 깨고 군 복무중이던 아들과 상담학자인 아버지가 주고받은 편지 형식의 책이다. 이 책을 통해 젊은 세대는 불완전한 삶의 여정을 앞둔 아들의 고민에 공감하고, 어른 세대는 그 여정에 길잡이가 되어주는 아버지의 애정 어린 조언에서 도움을 얻을 수 있을 것이다. 이 시대의 아들과 아버지의 고민과 답변이 녹아 있는 이 책을 그대로 자녀에게 선물함으로써, 아버지의 마음을 전달하기도 좋은 책이다.

힘든 순간마다 역사가 건네주는 위로와 지혜

어떻게 살아야 할지 답을 주는 역사 이야기

강혜영 지음 | 값 18,500원

역사적 사실을 유익하게 전달하고 그 메시지를 널리 공유해온 역사 스토리텔러인 저자는 스토리텔링 형식으로 과거 인물들의 삶을 흥미롭게 풀어낸다. 역사는 우리에게 조언을 남기고, 좌절 속에서도 일어날 힘을 전달한다. 이 책은 기존의 시대 중심으로 전개되는 역사책들과 달리 인물 중심으로 전개해 선조들의 사상과 삶을 대하는 태도를 가까이에서 엿볼 수 있도록 했다. 특별한 삶의 자취를 남긴 선조들의 일화를 통해 우리가 삶을 어떻게 가꾸어가야 하는지에 대한 교훈을 얻을 수 있을 것이다.

힘든 순간마다 철학이 건네주는 위로

사는 게 무기력하게 느껴진다면 철학

양현길 지음 | 값 18,000원

심리, 철학 주제로 10년 이상 도서 집필과 유튜브를 운영하고 있는 저자는 철학자들의 사유와 우리의 삶을 연결하여 삶을 풍족하게 만드는 길로 안내한다. 인생의 무의미함, 공허함 등 삶을 불행하게 만드는 요소를 철학적인 관점으로 다루고 오랜 시간 삶의 의미를 고찰하고 해석해온 철학자들의 지혜를 쉽게 이해할 수 있도록 서술하였다. 무의미함을 발판 삼아 자기 성찰과 성장을 도모하고 철학자들이 건네는 질문에 대해 고찰한다면 내가 원하는 방향의 의미 있는 삶을 살아갈 수 있을 것이다.

살아가는 데 힘을 주는 니체의 가르침

꽤 괜찮은 어른이 되고 싶다면 니체를 만나라

이동용 지음 | 값 16,000원

우리나라의 독보적 니체 연구자로 정평이 나있는 이동용 박사는 위대한 철학자 니체의 핵심 메시지를 쉽게 이해할 수 있도록 개념과 비유를 해설해주며, 원문에 대한 이해를 돕기 위해 적합한 예시와 적용까지 서술해준다. 니체를 사랑하지만 니체를 잘 모르는 현대의 독자들은 이 책을 통해 니체 철학에 대한 이해의 폭이 더욱 커지고, 나아가 자기 삶의 노예가 아닌 주인이 되어 적극적으로 자아를 실현하고 삶의 진정한 의미와 가치를 추구할 수 있을 것이다.

수백만 사람들의 마음의 상처를 치유한 REBT의 모든 것

위대한 심리학자 앨버트 엘리스의 인생 수업

앨버트 엘리스 지음 | 정유선 옮김 | 값 19,800원

세계 3대 심리학자인 앨버트 엘리스는 이 책에서 모든 정서적·행동적 문제의 근원이 '강박적인 당위적 사고'라고 말한다. 그러면서 자신과 타인, 삶의 환경에 스스로 부과한 '당위적 사고'를 찾아내 살펴보라고 조언한다. 이 책을 통해 자신과 비슷한 문제에 있는 상황과 자신의 심리적 문제 상황을 비교해보고 나의 부정적인 생각, 감정, 행동을 개선하는 데 도움을 받을 수 있을 것이다.

나를 찾고자 하는 이들을 위한 철학수업

나답게 산다는 것

박은미 지음 | 값 19,000원

철학커뮤니케이터이자 철학박사인 저자는 인생에 던지는 철학적인 물음들과 '진짜 나'를 찾는 방법을 따뜻하게 전한다. 나에게 가족이 미친 영향, 주로 의존하는 방어기제, 나의 원정서 등을 찾아 그동안 해결하기 어려웠던 마음의 문제를 해소하고 진정한 나다움을 찾을 수 있도록 돕는다. 이 책을 통해 '가짜인 나'의 모습으로 사는 것이 왜 불행한지, '진짜인 나'의 모습으로 사는 것이 왜 행복한지를 사유하게 됨으로써 '진짜 나'의 모습으로 사는 행복을 누릴 수 있을 것이다.

사는 게 불안하고 외롭다면 애착 때문이다

나는 내 안의 애착을 돌아보기로 했다

오카다 다카시 지음 | 이정은 옮김 | 값 17,000원

특별한 이유 없이도 삶이 고단한 현대인들을 괴롭히는 근본적인 요인은 무엇인가? 바로 '애착장애'다. 애착이 불안정하다는 것은 단순히 심리적으로 인생을 비관하는 것만을 의미하지 않는다. 스트레스나 불안에서 벗어나기 위한 체계가 제대로 기능하지 않는다는 뜻이다. 이 책을 통해 자신의 애착 상태를 점검해보고, 애착이 불안정하다면 주저하지 말고 대책을 세우고, 극복하기 위한 시도를 해보자.

우울과 불안을 끌어안는 심리학

우울과 불안을 이기는 작은 습관들

임아영 지음 | 값 18,000원

임상심리전문가로 활동해온 저자는 우울과 불안이 위험에 대비하고 삶에 대한 성찰을 돕는 '적응적 기능'을 지녔다고 주장한다. 그는 이 책에서 '우울'과 '불안'이 발생하는 메커니즘을 설명하면서 그것을 대하는 인식의 변화를 촉구한다. 살아가는 동안 다양한 실패의 경험을 받아들이면서 균형을 찾는 게 가장 중요하다. 이 책을 통해 현실에서의 긍정성을 찾고 긍정과 부정 사이에서 삶의 균형을 맞추는 법을 배워보자.

■ **독자 여러분의 소중한 원고를 기다립니다** ─────────────

메이트북스는 독자 여러분의 소중한 원고를 기다리고 있습니다. 집필을 끝냈거나 집필중인 원고가 있으신 분은 khg0109@hanmail.net으로 원고의 간단한 기획의도와 개요, 연락처 등과 함께 보내주시면 최대한 빨리 검토한 후에 연락드리겠습니다. 머뭇거리지 마시고 언제라도 메이트북스의 문을 두드리시면 반갑게 맞이하겠습니다.

■ **메이트북스 SNS는 보물창고입니다** ─────────────

메이트북스 홈페이지 matebooks.co.kr

홈페이지에 회원가입을 하시면 신속한 도서정보 및
출간도서에는 없는 미공개 원고를 보실 수 있습니다.

메이트북스 유튜브 bit.ly/2qXrcUb

활발하게 업로드되는 저자의 인터뷰, 책 소개 동영상을 통해 책
에서는 접할 수 없었던 입체적인 정보들을 경험하실 수 있습니다.

메이트북스 블로그 blog.naver.com/1n1media

1분 전문가 칼럼, 화제의 책, 화제의 동영상 등 독자 여러분을 위
해 다양한 콘텐츠를 매일 올리고 있습니다.

메이트북스 네이버 포스트 post.naver.com/1n1media

도서 내용을 재구성해 만든 블로그형, 카드뉴스형 포스트를 통해
유익하고 통찰력 있는 정보들을 경험하실 수 있습니다.

STEP 1. 네이버 검색창 옆의 카메라 모양 아이콘을 누르세요.   STEP 2. 스마트렌즈를 통해 각 QR코드를 스캔하시면 됩니다.
STEP 3. 팝업창을 누르시면 메이트북스의 SNS가 나옵니다.